AF587625

PAPIER
FRESSERCHEN
MTM-VERLAG
DIE BÜCHER MIT DEM DRACHEN

Impressum:

Besuchen Sie uns im Internet:
www.papierfresserchen.eu


Mühlstr. 10, 88085 Langenargen
info@papierfresserchen.de


Herstellung und Lektorat: CAT creativ - www.cat-creativ.at

Illustrationen Cover: © obsidian Fantasy - Adobe Stock lizenziert

ISBN: 978-3-99051-333-0- Taschenbuch
ISBN: 978-3-99051-337-8 - E-Books
ISBN: 978-3-99051-338-5 - Hörbuch

# Alte Sagen neu erzählt

Band 3

Martina Meier (Hrsg.)

# Sagenhaftes - Die Buchreihe

**„Sagenhaftes – Alte Sagen neu erzählt“** – inzwischen sind drei Bände der Reihe erschienen – ein vierter Band soll 2025 erscheinen. Inzwischen haben wir zusammen mit den vielen engagierten Autorinnen und Autoren zahlreiche Neuinterpretationen zusammentragen können. Die Bücher sind über den Buchhandel, Amazon und den Verlag zu beziehen: **www.papierfresserchen.eu**

# Inhalt

# Autorinnen + Autoren

Adrian Schwarzenberg
Alina Zaripov
Bernhard Finger
Bettina Pfeffer
Caroline Seeger-Herter
Christa Blenk
Christian Knieps
Christian Reinöhl
Christoph Buysch
Daniel Kütük
Doreen Pitzler
Dr. Thomas Melerowicz
Emma Summer
Florian Geiger
Hannelore Futschek
Hans Peter Flückiger
Helmut Blepp
Janny Prillwitz
Julia Weber
Karl-Heinz Richter
Kathinka Reusswig
Kay Ganahl
Léonie Kessler
Manuela Klemenz
Maxine Danisch
Michael Wiesendorf
Michaela Kläber
Mona Lisa Gnauck
Monika Arend
Nanja Holland
Nicole Gabrys
Oliver Fahn
Pamela Murtas
Paula Nick
Sabine Siebert
Vanessa Boecking
Volker Liebelt
Wolfgang Rödig
Zero Alala

# Sagenhaftes Band 4

**„Sagenhaftes – Alte Sagen neu erzählt“**: Während der 3. Band gerade in Druck geht, schreiben wir bereits den 4. Band der Reihe aus. Hinter jedem Mythos verbirgt sich ein Funke Wahrheit, hinter jeder Sage eine Geschichte, die unser Vorstellungsvermögen beflügelt. Für eine neue Anthologie suchen wir spannende Nacherzählungen, Neuinterpretationen oder kreative Erweiterungen klassischer Sagen aus dem deutschsprachigen Raum!

Ob uralte Legenden, regionale Geschichten oder überlieferte Mythen – wir laden Sie ein, diesen Erzählungen neues Leben einzuhauchen. Fühlen Sie sich inspiriert, die Riesen der Alpen zu neuen Abenteuern zu schicken, das Geheimnis eines verborgenen Schatzes neu zu ergründen oder die Schicksale von Hexen, Geistern und Helden mit einem frischen Blick zu beleuchten.

Wir suchen Texte, die klassische Sagenstoffe nacherzählen, vertiefen oder originell interpretieren. Spannende Perspektiven, die alte Geschichten neu beleben, ohne ihren Kern zu verlieren.

Texte mit atmosphärischem Flair, die die Leser*innen mitreißen und in längst vergangene Zeiten entführen.

**Einsendeschluss ist der 15. Oktober 2025.**

# Die Geisterkirche von St.-Lorenz

### Eine Sage aus Paderborn

An einem frostigen Herbstabend des Jahres 1516, als der Wind durch die stillen Gassen der kleinen Ortschaft St.-Lorenz zog, begab sich eine alte, fromme Frau zur ortseigenen Kirche. Niemand wusste genau, warum sie diesen Weg allein wählte – manche flüsterten, sie sei auf der Suche nach Vergebung, andere sagten, sie trage ein lang gehütetes Geheimnis in sich, das nur in der Stille der Kirche offenbart werden könnte. Ihr Gesicht war von den Jahren gezeichnet und in ihren Augen stand eine Schwere, die von unerzählten Geschichten sprach.

Es war die Nacht vor Allerseelen und in der Luft lag eine seltsame Spannung, als würde der Schleier zwischen den Welten dünner werden. Die Zeit schien stillzustehen, als sie die mächtigen Türme der Kirche erblickte. Sie wirkten wie Wächter über den einsamen Hügel. Die Kirche selbst war wie ein Monument der Ewigkeit, mit ihren hohen gotischen Bögen, die sich fast drohend gegen den sternenlosen Himmel abzeichneten.

Die Fenster, einst prächtig verziert, schimmerten kaum in dem schwachen Licht der fernen Laternen. Dunkle Schatten tanzten hinter den Glasmalereien, als ob längst verstorbene Seelen dort gefangen wären. Die steinernen Wasserspeier blickten mit ihren verzerrten Fratzen auf die Frau herab, als wollten sie sie warnen, doch sie schritt unbeirrt und unbekümmert weiter.

Die Luft war winterschwer und kalt, jeder Atemzug der Frau hing wie Nebel in der Dunkelheit. In der Ferne war das leise Läuten einer Nebelglocke zu hören, ein Echo, das durch die Gassen hallte und das Gefühl verstärkte, dass diese Nacht nicht nur der Welt der Lebenden gehörte.

Die Kirche stand da, wie eh und je, in düsterem Schweigen vor ihr. Die hohen Mauern warfen bedrohliche Schatten auf den Platz, als wären sie die stillen Zeugen längst vergangener Zeiten. Die Frau, in ihren schwarzen Mantel gehüllt, hielt für einen Moment inne. Der Mantel, schwer und alt, hing lose an ihrem mageren Körper herab. Das tiefe Schwarz des Stoffes wirkte wie ein Abgrund, der jedes Licht verschluckte, das ihn berührte. Der Kragen war hochgeschlossen, mit einem zerschlissenen Band zugeknotet, das vom Gebrauch längst ausgefranst war. Der Saum des Mantels streifte den Boden, verdreckt vom Regen und Schlamm der Straßen. Die Kapuze verbarg einen Großteil ihres Gesichts, nur eine zitternde Hand, die fest die Mantelfalten umklammerte, lugte darunter hervor.

Als sie auf das Eingangsportal zuschritt, zogen Wolken vor den Mond und das schwache Licht, das zuvor die Kirche umhüllt hatte, verblasste. Die Fenster, einst bunt und lebendig, wirkten jetzt bei näherem Betrachten wie blinde Augen, ihr Glas so dunkel, dass Licht kaum durchscheinen konnte. Die Türflügel knarrten leise, als sie sie mit einem Zittern in der Hand aufstieß, so als würde die Kirche selbst einen stummen Gruß der Vorahnung aussprechen.

Gottesfürchtig zog sie sich die Kapuze ihres Mantels vom Kopf und trat zaghaft durch das gewaltige Portal. Der kalte Stein unter ihren Füßen fühlte sich wie der Pfad zu einer anderen Welt an. Sie war fest entschlossen, die Messe zu Ehren der Verstorbenen zu besuchen, doch als sie die Schwelle überschritt, erfasste sie ein tiefes Frösteln, das nicht nur von der Kälte der Nacht herrührte. Ein unbestimmtes Gefühl des Unbehagens legte sich auf ihre Schultern, schwerer als der Mantel, den sie trug.

Im Inneren der Kirche herrschte unheimliche Stille. Das entfernte Murmeln des Windes, das durch die Ritzen der Türen drang, war scheinbar das einzige Geräusch, das sie begleiten wollte. Die schweren Bänke standen leer und die Schatten der Säulen ragten wie stumme Soldaten auf. Kerzen, die längst hätten erlöschen sollen, flackerten schwach in ihren Haltern, als kämpften sie verzweifelt gegen die eindringende Finsternis. Aber diese Dunkelheit war anders – sie schien zu lauern, sich zu bewegen.

Im kraftlosen Aufbegehren dieser Kerzen schien sich der Blick der Frau zu klären. Vor wenigen Augenblicken noch hatte sie die Bänke leer geglaubt, als wäre sie die einzige Seele, die die Kirche in dieser kalten Nacht betrat. Doch mit einem Mal, als sich ihr Blick lichtete, sah sie, dass die Reihen fast vollständig besetzt waren. Die Gestalten, die dort regungslos saßen, schienen mit der Dunkelheit zu verschmelzen. Ihre Gesichter blieben im Schatten verborgen, als ob das Kerzenlicht sie absichtlich mied, und eine bleierne, bedrückende Stille lag über ihnen, als wollten sie keine Bewegung wagen, um nicht die Aufmerksamkeit von etwas Unsichtbarem auf sich zu ziehen.

Am Altar stand ein Priester, gehüllt in tiefdunkle Gewänder, so schwarz wie die mondlose Nacht. Sein Gesicht war unter einer schweren Kapuze verborgen, nur sein Mund zeichnete sich als blasses, lebloses Schimmern ab. Er sprach kein Wort, seine Boshaftigkeit war fast greifbar, und die Angst selbst schien das heilige Gemäuer zu durchdringen, um sich ihm zu entziehen.

Die Frau schluckte schwer, ihre Kehle war wie zugeschnürt. Sie setzte zögernd einen Fuß vor den anderen und begann, die Bankreihen abzugehen. Jeder Schritt hallte dumpf auf dem kalten Steinboden wider, als hätte sie den Raum für sich allein. Doch mit jeder Gestalt, die sie passierte, schlich sich ein immer stärker werdendes Gefühl der Beklemmung in ihr Herz. Es war, als ob diese reglosen Körper in den Bänken etwas verbargen, etwas, das ihr nur allzu vertraut schien. Ihre Schritte wurden langsamer und ihre Augen wanderten über die Anwesenden – leblose Figuren, erfüllt von einer unbeschreiblichen Präsenz des Grauens.

Plötzlich blieb sie abrupt stehen. Ein kalter Schauder lief ihr über den Rücken, als sie genauer hinsah. Da war ein Gesicht, das sie kannte. Es gehörte zu einem Mann aus ihrem Dorf, einem Mann, der seit Jahren tot war, begraben unter der Erde. Ihr Herz setzte einen Schlag aus und ihre Hände begannen zu zittern. Sie zwang sich, weiterzugehen, doch mit jedem Schritt erkannte sie weitere Gesichter. Eine alte Frau, die einst ihre Nachbarin war. Ein junger Bursche, der vor vielen Wintern an einem Fieber gestorben war. Die Bankreihen waren gefüllt mit Toten. Alle dieser stillen Kirchgänger hatten das Reich der Lebenden längst verlassen und doch saßen sie hier, als wären sie Teil der Messe. Ihr Atem wurde flach und das Frösteln, das sie zuvor ergriffen hatte, verwandelte sich in eine lähmende Taubheit, die bis in ihre Knochen kroch.

Dann, genau in dem Moment, als die Glocke des Kirchturms mit einem dumpfen, unheilvollen Schlag die erste Stunde des Tages verkündete, erstarb jegliches Geräusch und eine unheimliche, unweltliche Lautlosigkeit stülpte sich wie ein Sargdeckel über die Kirche. Es war, als würde die Zeit selbst den Atem anhalten. Doch dann fuhr der Priester abrupt herum, seine Bewegung wurde von einem lauten Krachen begleitet, als er die Bibel mit einem gewaltsamen Knall zuschlug. Der Klang hallte durch das Gewölbe der Kirche, als wäre es ein Trommelschlag des Jenseits – ein Weckruf. Die Frau zuckte zusammen, ihre Augen starrten entsetzt zum Altar. Der Priester hatte die Kapuze zurückgeschlagen und sein gehörnter Schädel, dem eines Ziegenbocks gleich, ließ keinen Zweifel übrig – das dort war der Teufel höchstpersönlich.

In diesem Moment spürte sie es – das Unausweichliche. Langsam, wie in einem Albtraum, drehten sich alle Köpfe der düsteren Gestalten in den Bänken gleichzeitig in ihre Richtung. Hunderte kalte, tote Augenpaare richteten sich auf sie. Ihre Blicke waren leer, ohne Leben, und doch haftete in ihnen eine eindringliche Bosheit – oder war es Sehnsucht? Es war, als hätten sie auf diesen Moment gewartet. Eine eisige Angst packte die Frau, ein Gefühl, das tief aus ihrem Inneren aufstieg und sich wie kaltes Gift in ihren Adern ausbreitete.

Ohne nachzudenken, getrieben von purer Panik, wandte sie sich zur Tür. Ihre Füße schienen ihr kaum noch zu gehorchen, doch sie zwang sich, loszurennen. Hinter ihr erhoben sich die Toten langsam von ihren Bänken, ihre Bewegungen unnatürlich und träge, doch ihre Entschlossenheit war unaufhaltsam. Lautlos glitten sie durch die Bankreihen, ihre gespenstischen Hände griffen nach ihr, als ob sie versuchen wollten, sie zurück in die Dunkelheit zu ziehen, aus der sie selbst gekommen waren.

Die Frau rannte, stolperte, fing sich und rannte weiter. Ihre Schritte hallten wie Hammerschläge auf dem kalten, steinernen Boden der Kirche wider. Jeder Atemzug war schmerzhaft, denn die Kälte brannte jetzt in ihren Lungen. Die Toten folgten ihr schwebend, ihre Schatten verschmolzen mit der Finsternis, die den Raum verschlang. Sie schienen immer näher zu kommen, ihre Arme ausgestreckt, die langen, knochigen Finger berührten ihren Mantel. Ein kalter Ruck ging durch ihren Körper, als der Stoff unter ihren Berührungen zu reißen begann – Fetzen des Mantels blieben in den Händen der Verfolger zurück, als sie verzweifelt durch das große Eingangsportal stürmte. Die Toten blieben im Inneren der Kirche zurück.

Draußen war die Luft plötzlich frisch und ohne Mantel kaum zu ertragen. Ihre Brust hob und senkte sich schwer, und sie wagte erst wieder zu atmen, als die schweren Holztüren der Kirche mit einem dröhnenden Knall hinter ihr ins Schloss fielen. Sie sank auf die Knie und betete. Sie dankte Gott und allen Heiligen für ihr Entkommen, doch tief in ihrem Inneren wusste sie, dass das, was sie in der Kirche gesehen hatte, sie niemals wirklich loslassen würde.

Am nächsten Morgen, als die Sonne in strahlendem Glanz über St.-Lorenz aufging und die frostige Luft des Herbstes mit goldenem Licht durchbrach, kehrte die Frau zur Kirche zurück. Diesmal war sie nicht allein. In Begleitung des Dorfpfarrers, der auf ihren Bericht hin nur skeptisch den Kopf geschüttelt hatte, stieg sie den Weg zum Kirchhof hinauf. Das Licht der Sonne fühlte sich trügerisch warm an, fast als wollte es die düstere Erinnerung an die vergangene Nacht fortwischen. Doch die Frau spürte, dass etwas hier zurückgeblieben war – eine Beklemmung, die der Sonnenschein nicht vertreiben konnte.

Als sie das eiserne Tor zum Kirchhof passierten, herrschte erneut eine unheimliche Stille. Aber sie war anders, greifbarer, als in der Nacht davor. Die Gräber lagen stumm da, wie sie es immer taten, und doch lastete eine merkwürdige Aura auf dem Ort, als hätten die nächtlichen Ereignisse auch außerhalb der Kirche ihre Spuren hinterlassen.

Der Pfarrer wollte gerade beruhigende Worte sprechen, als sein Blick plötzlich erstarrte. Die Frau folgte seinem stummen Entsetzen und blieb wie angewurzelt stehen.

Auf jedem der Gräber, die hier oben auf dem Kirchhof lagen, ruhte ein Stück Stoff – je ein Teil des schwarzen, zerfetzten Mantels, den die Frau in der Nacht zuvor getragen hatte. Fetzen des Stoffes lagen verstreut über die Gräber, als hätte jeder der nächtlichen Kirchgänger ein Stück von ihr mitgenommen, als letzte Erinnerung an eine lebendige, friedvolle Welt, die ihren unruhigen Seelen verwehrt blieb.

Der Anblick ließ ihnen das Blut in den Adern gefrieren. Kein Wort fiel, denn was sie sahen, sprach lauter als jede Erklärung. Die Sonne strahlte hell und klar, doch das Geschehen der Nacht blieb spürbar.

Langsam traten sie den Rückweg an, der Pfarrer schweigend und in Gedanken versunken, die Frau von einer tiefen Unruhe erfüllt. Als sie das Gräberfeld hinter sich ließen, blieb ein schwerer Schleier über dem Ort zurück, als würde die Finsternis nur auf ihre Rückkehr warten.

Und während sie die warmen Strahlen der Sonne auf ihrer Haut spürten, wussten sie dennoch, dass der kalte Griff des Bösen die Kirche von St.-Lorenz noch nicht losgelassen hatte.

***Bernhard Finger,*** *geboren 1971, ist Pferdenarr, Mittelalterfan, Hobbykoch und begeisterter Bogenschütze. In seiner Freizeit schreibt er Kurzgeschichten, darunter Gruselstorys, die auch bereits in einer bekannten Heftromanserie veröffentlicht wurden. Heute schreibt und veröffentlicht er vor allem Märchen, Fantasy und gelegentlich Science-Fiction.*

# Spuk um Mitternacht

**Eine Sage aus Neubrandenburg**

In Neubrandenburg geht die Sage um, dass sich noch im 19. Jahrhundert Nachtwächter, die über die Sicherheit der Stadt wachen sollten, sich um Mitternacht nicht zum Friedländer Tor wagten. Das Tor liegt nordöstlich der Stadt, wurde in der ersten Hälfte des 14. Jahrhunderts erbaut und ist heute das am besten erhaltene Tor der Vier-Tore-Stadt Neubrandenburg.

Während in der Zeit vor und nach der mitternächtlichen Stunde damals jeder das Friedländer Tor ungehindert passieren konnte, auch die Nachtwächter, zeigte sich zur Geisterstunde entweder eine weiße, schauerliche Gestalt, die den Passanten die Arme entgegenstreckte, oder eine grausige, schwarze, die, einigen Beobachtungen zufolge, ein schwarzer Eber gewesen sein soll, der um das Friedländer Tor herum sein Unwesen trieb. Städter, die in der Nähe des Tores wohnten, vernahmen nachts oft unheimliche Laute, mal ein Sirren, mal ein Stöhnen, Laute, die ihnen den Schlaf raubten.

Niemand traute sich, diesem Spuk auf den Grund gehen, bis sich eines Tages der Stadtjäger dazu berufen fühlte. Er habe keine Angst vor Geister, ließ er verlauten und machte sich eines Nachts auf den Weg, dem Spuk ein Ende zu bereiten. Er ging vom äußeren der vier Tore aus ... doch kam nie an seinem Ziel, dem inneren Tor, an. Am nächsten Morgen fand man seinen Leichnam in der Mitte des Weges liegen. Hatte er sich für die Bewohner geopfert?

Der nächtliche Spuk trat jedenfalls nie wieder auf ...

***Nanja Holland*** *ist ein Kind der Sechzigerjahre und arbeitet als freie Journalistin.*

# Fantastische Tierwelt in Basel

### Sagen aus Basel

In der schönen Stadt Basel an der Schweizer Grenze zu Deutschland und Frankreich und in ihrem nahen, sehr ländlichen Umland tummelten sich in alten Zeiten gar viele wunderliche Geschöpfe aller Arten und Herkünfte. Fast scheint es so, als habe sich hier zeitweise der heimliche Treffpunkt der gesamten fantastischen Tierwelt der angrenzenden Nachbarländer befunden.

Man erzählt sich zum Beispiel, dass bis kurz vor dem Zweiten Weltkrieg ein fliegendes Schwein regelmäßig seinen Schabernack im Quartier zwischen dem Spalenberg und dem Spalentor getrieben habe. Selbst heute noch kehre es bei seltenen Gelegenheiten an diesen Ort zurück. Wenn man also in einer klaren, windstillen Vollmondnacht kurz vor oder nach Halloween ein zischendes Sausen hört, das von ausgedehnten, tiefen Grunzlauten begleitet wird, dann sollte man in höchster Eile sämtliche Fenster und Läden schließen und mindestens zehn Minuten nicht aus dem Hause gehen. Denn – so sagen die Alten – wer das fliegende Spalentier mit eigenen Augen erblicke, dem würde der Kopf so sehr anschwellen, bis ihm die Adern auf der Stirn platzten und die Augenäpfel aus den Höhlen träten.

Auf dem Bruderholz hingegen tut man gut daran, sich im Spätherbst und Winter nicht die Augen, sondern die Ohren zuzuhalten, wenn man ganz unerwartet von den kahlen Bäumen herab einen lieblichen Vogelgesang vernimmt. Denn der wunderschöne Paradiesvogel, der das verführerische Lied trillert, sei – so heißt es – nichts anderes als ein Bote des Teufels, der einst bei einem Konzil die führenden Bischöfe so sehr verwirrte, dass sie den Heimweg nicht mehr fanden und bald darauf vor Erschöpfung starben.

Zudem soll in einigen Dörfern um Basel herum bisweilen ein riesiger, schwarzer Hund mit feuerroten Augen erscheinen, der bewegungslos auf der Straße liegt, nie einen Ton von sich gibt, aber den Passanten in engen Durchgängen standhaft den Weg versperrt. Um unversehrt an ihm vorbeizukommen, müsse man – so wird geraten – entweder laut fluchen oder mit gehobenen Armen inbrünstig beten. Außerdem dürfe man auf keinen Fall über ihn hinwegsteigen, sondern müsse sich an seinem mächtigen Körper vorbeizwängen. Berühre man ihn oder versuche man, sich schweigend über ihn hinwegzusetzen, so werde man schlimme Hautkrankheiten oder gar schwere körperliche Behinderungen davontragen.

Es ist aber ein anderes, noch viel berüchtigteres und gefährlicheres Untier, dem man in Form von zierlichen, grünen Brunnenfiguren auf Schritt und Tritt begegnet, wenn man durch die malerischen Gassen der Basler Innenstadt schlendert. Die Rede ist von dem sagenumwobenen Basilisken, einer handgroßen, beschuppten Kreatur mit Drachenschnauze, Schlangenschwanz und einem Hahnenkamm auf dem Kopf. Wenn auch seine kleinen, beflügelten Abbilder auf den Brunnen heute sehr harmlos und geradezu niedlich auf uns wirken, so konnte man dies früher von einem lebenden Exemplar ganz und gar nicht behaupten. Man erzählt sich, dieses unheimliche Tier, das halb Schlange, halb Hahn sei, habe einst in modrigen Kellern und dunklen Wasserläufen gehaust und sich bei Tage oft versteckt gehalten.

Wenn es aber ausnahmsweise einmal vor Sonnenuntergang aus seinem feuchten Wohnloch hervorgekrochen sei, um auf die Jagd zu gehen, habe es in kürzester Zeit und trotz seiner geringen Größe mehr Angst und Schrecken verbreitet als ein ausgewachsener Drache. Die Bevölkerung Basels wurde deshalb dazu angehalten, alle schwarz gefärbten Hühnereier sofort zu verbrennen, denn man glaubte, dass die Basilisken aus solchen Eiern schlüpfen würden. Nicht nur die scharfen Krallen und spitzen Zähne dieses Untiers fürchteten die Leute, sondern vor allem auch seinen stechenden Blick, mit dem es sogar hartes Gestein durchsägen konnte. Denn wehe dem, der einem Basilisken begegnete und seinen blitzenden Augen nicht ausweichen konnte, der fiel auf der Stelle tot um!

Ein besonders bösartiger Artgenosse dieser drachenähnlichen Monsterchen soll um das Jahr 1500 im Allschwiler Wald unweit der Stadt Basel sein Unwesen getrieben haben. Immer wieder kamen an diesem Ort nämlich Jäger, Pilzsammler, Waldarbeiter und Wanderer auf ganz sonderbare Weise ums Leben, ohne dass jemand genau wusste, was ihnen zugestoßen war. Man fand die Toten meist ohne sichtbare Verletzungen auf dem Rücken liegend, die Augen vor Schreck weit aufgerissen und den Mund zu einem stummen Schrei geöffnet.

Der Polizei und den Bestattern fiel zudem die ungewöhnlich starke Leichenstarre auf, die es oft unmöglich machte, die Glieder auch nur einen Millimeter zu bewegen. Deswegen mussten für einige der Verstorbenen, die besonders verkrümmt aufgefunden worden waren, sogar Särge nach Maß angefertigt werden.

Die Bevölkerung ahnte wohl, dass etwas Unnatürliches im Walde vor sich ging, doch die Behörden versuchten, die aufkommende Panik zu ersticken, indem sie die merkwürdigen Vorkommnisse mit allerlei unsinnigen Geschichten erklärten.

Eines Tages aber entdeckte ein altes Mütterchen beim Beerenpflücken am Waldrand eine Art kleiner Drachen mit langem Schwanz, scharfen Krallen und einem ausgeprägten Hahnenkamm auf dem Kopf, der schnaubend und krächzend aus einer nahen Höhle kroch. Die Alte erkannte das Tier sofort als einen Basilisken und versteckte sich zitternd hinter den Gebüschen, bis das unheimliche Geschöpf sich genügend entfernt hatte, sodass sie es wagen konnte, den Heimweg unbemerkt anzutreten. Im Dorfe aber erzählte sie den Leuten von ihrer schrecklichen Beobachtung.

Es begab sich nun, dass gerade damals in einem der Allschwiler Bauernhöfe zwei Zwillingsbrüder lebten, zwei schöne Burschen von herausragender Tapferkeit und großer Intelligenz, deren jugendlicher Übermut und trotzige Ungeduld aber oft ihre Taten beeinflusste. Diese beiden Männer beschlossen alsbald, dem bösartigen Tier das Handwerk zu legen. Zunächst mischten sie in einem großen Kessel Kalkstaub mit warmem Wasser, schlichen sich dann eines Abends kurz vor Sonnenuntergang in den Wald und mauerten das Loch der Basilisken-Höhle damit zu.

Erst nachdem der Kalk vollständig ausgetrocknet und ganz hart geworden war, atmeten sie erleichtert auf und begaben sich fröhlich pfeifend auf den Heimweg. Sie dachten wohl, sie hätten dem Untier so den Garaus gemacht, doch dieses war schlau und grub sich einfach eine andere Öffnung.

Einige Tage später wurde wieder eine junge Pilzsammlerin tot aufgefunden und es stellte sich heraus, dass sie ausgerechnet die hübsche Angebetete des einen Zwillingsbruders war.

Wut und Trauer aber sind mächtige Waffen der Rache, gerade wenn sie ein noch junges, verliebtes Gemüt befallen. So hatte der Basilisk die beiden Männer mit seiner hinterhältigen Tat nicht abgeschreckt, sondern eher angestachelt. Sie schlichen also eines Nachmittags wieder in den Wald und verstopften die beiden Eingänge zur Höhle mit Ästen und trockenem Laub, das sie alsbald anzündeten.

Schon Minuten später hörte man einen markerschütternden Schrei und ein heftiges Knallen bis weit über den Wald hinaus, sodass die Bauern auf ihren Feldern vor Schreck die Heugabeln fallen ließen und die Kinder sich weinend in den Schoß ihrer Mütter flüchteten.

Doch der Plan der Brüder ging nicht auf und schon wenig später fand man die nächste Leiche im Wald.

Diesmal handelte es sich um den betagten Vater der beiden, der als örtlicher Förster wirkte.

Da sahen die mutigen Zwillinge wohl ein, dass der Basilisk nicht so einfach zu besiegen sei und sie sich wohl einen geschickteren Plan aushecken müssten. Es vergingen einige Tage der Ratlosigkeit, bis der eine Bruder eines Nachts aus einem unruhigen Albtraum erwachte und plötzlich die Lösung erkannte.

Schon am nächsten Morgen zogen die beiden in aller Frühe gen Basel, um dort einen gekannten Glasmacher aufzusuchen, der im Ruf stand, die reinsten und klarsten Spiegel im ganzen Lande herzustellen.

Erst am späten Nachmittag sah man die Zwillinge wieder mit einem großen Paket gegen Allschwil marschieren, doch sie betraten nicht, wie erwartet, das Dorf, sondern nahmen den Umweg durch das nahe Waldstück. Dort stellten sie den großen Spiegel, den sie in Basel erworben hatten, vor das Loch der Höhle und versteckten sich gespannt hinter zwei dicken, dunklen Eichen. Sie mussten nicht lange warten, da streckte das grüne Monsterchen seine Nase aus der Tiefe und kroch mit schleifenden Bewegungen aus der unheilvollen Schwärze seines Lochs. Als es sich aber aufrichtete, blickte es seinem

Spiegelbild direkt in die Augen und fiel wie vom Blitze getroffen tot um.

Seither weiß man in ganz Basel, dass man sich eines Basilisken am besten mit einem einfachen Spiegel entledigt.

***Caroline Seeger-Herter*** *wurde 1979 in Zürich geboren und lebt mit ihrer Familie in der Nordwestschweiz. Sie arbeitet als Sprachlehrerin und Legasthenietrainerin. Schreiben war schon früh eine Leidenschaft, dem sie mit dem Älterwerden ihrer Kinder wieder mehr Zeit widmen kann.*

# Der Wetzel vom Bürgerfeld

**Eine Sage aus Lampertheim**

Der *alt', dick' Wetzel*, wie ihn die Lampertheimer nennen, war ein berüchtigter Wiedergänger. Zu Lebzeiten hatte er sich jahrelang am Grund und Boden anderer Bauern bereichert, indem er nachts auf den weitläufigen Flächen des Bürgerfelds Grenzsteine zu seinen Gunsten verschoben hatte. Deshalb wurde er dazu verdammt, nach seinem Tode Nacht für Nacht über die Äcker zu streifen, die an der Straße nach Worms lagen. Handwerksburschen und andere späte Wanderer, die in der Dunkelheit von der Rheinbrücke in Richtung Lampertheim gelaufen waren, wollen ihn gesehen haben, wie er im Mondlicht irr kichernd über die Furchen gehüpft sei mit einer alten Messlatte auf dem Buckel. Ein ums andere Mal sei er dann auch auf manche dieser Leute zugekommen und ihnen heimtückisch auf den Rücken gesprungen, um sich von ihnen über die Äcker tragen zu lassen, bis sie erschöpft zusammenbrachen. Beim Köcherlinsbrunnen, der Gemarkungsgrenze, sei er dann stets verschwunden. Seine Opfer ließ er zurück, schreckensbleich und zitternd. Einigen von ihnen wurden nach einem solchen Erlebnis über Nacht die Haare weiß.

Einer dieser Unglücklichen war der Bauer Maibach. Ihn fand man eines Morgens am Feldrand. Er war halb erfroren, seine Zähne hörten nicht auf zu klappern, und er wusste nicht mehr, wer er war. Eine Besserung trat nie wieder ein. Seither hing er schlotternd in seinem alten Ohrensessel am Kamin. Er wimmerte den lieben langen Tag. Des Nachts weinte er sich in einen unruhigen Schlaf voller schrecklicher Träume. Seine panischen Schreie schallten dann durchs ganze Haus. Hannes, der junge Maibach, der sehr unter dem Zustand seines Vaters litt, beschloss, endlich dem bösen Spuk vom Wetzel, diesem verfluchten Untoten, ein Ende zu machen. Mit drei Kameraden von den Nachbarhöfen schmiedete er einen Plan. Sie meldeten sich beim Magistrat und boten an, die alten verwitterten Grenzsteine vom Bürgerfeld durch schöne neue Sandsteine zu ersetzen. Und das taten sie auch. Die alten Steine aber schleppten sie zu einem kleinen Wäldchen in der Nähe des Rheinufers. Dort hoben sie eine Grube aus und bauten eine Gruft mit dicken Wänden und nur einem kleinen Einlass in die Erde. Als alles vorbereitet war, gingen sie in einer herbstlichen Vollmondnacht entschlossenen Schrittes zum Bürgerfeld. Es dauerte nicht lange, da erklang dieses wahnsinnige Lachen vom Wetzel. Doch das konnte die Burschen nicht schrecken. Sie liefen darauf zu und schon bald standen sie dem tückischen Nachtzehrer gegenüber. Der konnte zunächst mit diesem Bauernquartett nichts anfangen, doch einen Moment später vollführte er einige wilde Hüpfer und sprang plötzlich dem Moos Fritze auf den Rücken. Aber ehe er sich richtig festklammern konnte, warfen ihn die anderen drei Kameraden mit kräftigen Stößen auf die Erde. Auch sie lachten jetzt, während sie sich schnell in Richtung Rheinufer davonmachten.

Der wütende Wetzel kam ihnen hinterher und schmiss sich dem Boxheimer Paule ins Kreuz. Wieder rissen ihn die anderen zu Boden – und die vier Freunde verschwanden flugs in dem Wäldchen.

Der schreckliche Wetzel war nun außer sich. Er stürmte kreischend in den Schatten der Bäume. In Raserei drehte er sich auf dem Weg im Kreis auf der Suche nach seinen Widersachern. Er entdeckte sie auf einer kleinen, von Birken umgebenen Lichtung. Als er aber von Zorn geschüttelt den nächstbesten Gegner ansprang, packten ihn die mutigen Bauernsöhne an Armen und Beinen und warfen ihn in die offene Grube. Ohne Zögern kamen sie hinter ihm her. Da konnte er noch so zappeln und schreien, die kannten keine Gnade. Beherzt stießen sie ihn in das Dunkel der Gruft. Sie mauerten in Windeseile den Eingang zu, auch wenn der Gefangene jetzt das Jammern anfing. Als Schlussstein setzten sie das alte Grenzzeichen der Maibachs ein. Letzter Teil ihres Gewerkes war es, die Grube zuzuschütten, sodass der Kerker des Unholds ganz unter der lehmigen Scholle verschwand.

Die Heimsuchungen durch den Wetzel hatten damit ein Ende. Er wurde nie wieder gesehen. Es gibt aber Berichte von Spaziergängern, die abends am Rhein in der Dämmerung ein irres Lachen gehört haben wollen. Hohl soll es geklungen haben, so als wüte da ein Verrückter unter der Erde.

***Helmut Blepp:*** *1959 in Mannheim, selbstständiger Trainer & Berater.*

# Erkenntnisse des Tramer Frierich

**Eine Volkssage**

Einst bin ich einem Mann begegnet,
dem hat es in den Hals geregnet.
Das war des Nachts beim Bürgerfeld.
Als Geist hat er sich vorgestellt.

Er sprach, dass eines Menschen Streben
nicht taugt für ein erfülltes Leben.
Wenn er nicht auch sein Köpflein nutzt,
wird seine Rübe abgekrutzt.

Drum lasst uns stets beim Heimwärtsgeh'n
Dem Kopflosen ins Auge seh'n,
denn er hat Ahnung, was passiert,
wenn unsereins den Kopf verliert.

***Helmut Blepp:*** *1959 in Mannheim, selbstständiger Trainer & Berater (Arbeitsrecht); lebt in Lampertheim. Vier Lyrikbände, zahlreiche Veröffentlichungen in Anthologien und Zeitschriften.*

# Von Skalden Zeiten

**Eine Sage aus Nordischer Mythologie**

Es war ein herrlich warmer Frühlingstag und ich befand mich auf einer Wanderung durch die erwachende Natur. Die Sonne schien, an den Bäumen sprossen die Blätter, die Wiesen quollen über von blühenden Blumen aller Farben. Ich atmete tief ein und setzte mich nieder am Rande eines Brunnens im Schatten einer großen Esche. An den Brunnen gelehnt, die herrliche Natur genießend, muss ich wohl eingeschlafen sein. Nur so kann ich das Folgende erklären:

Drei Affen saßen vor mir, einer verschloss seinen Mund mit der Hand, der zweite seine Augen und der dritte seine Ohren. Eine Stimme, die von weit her zu kommen schien, sagte: „Diese Geschichte ist ein Mythos. Solltest du sie dennoch für wahr befinden, so sei dir gesagt, der Brunnen, an welchem du lehnst, wird kein Wasser mehr führen, der Baum, unter dem du Schatten suchst, wird verdorren. Du sollst nicht darüber mündlich Zeugnis ablegen, weil dir niemand Glauben schenken wird. Es ist so von alters her.

Die Esche Yggdrasils duldet Unbill

Mehr als Menschen wissen:
Der Hirsch weidet oben, hohl wird die Seite,
unten nagt Nidhöggr.

Urds Brunnen fallen trocken, die Nornen gehen ohne Wasser heim.

Begossen ward die Esche, die Yggdrasils heißt,

Der geweihte Baum mit weißem Nebel.
Davon kommt der Tau, der in die Täler fällt.
Immergrün steht er über Urds Brunnen.‘

Am Rande der Wiese erschien eine Bogenschützin, die weit ausholend ihren Pfeil verschoss. Sie blickte mich an und verschwand im Nebel.

Anstelle der Bogenschützin erstand aus dem Nebel eine halb verfallene Ruine. Verschwommen wie eine Fata Morgana waberte sie am Rande der Wiese auf und ich sah, wie vor ihr der Tau auf den Gräsern blitzte. Laute Stimmen drangen aus dem Inneren, Geschrei und Gelächter dröhnten bis zu mir herüber. Gleich hinter dem Gebäude stand eine Brücke, die sich steil in den Himmel erhob.

Die körperlose Stimme sprach zu mir: „Du siehst hier Himinbiörg, die letzte Station vor der Götterheimat. Wo dieses Gebäude steht, ist des Himmels Ende. Menschlein, bist du würdig? Da, wo die Brücke Bifröst an den Himmel reicht, da ist ferner ein großer Saal, der Valaskjalf heißt. Das ist Odins Saal. Ich zeige es dir, auf dass du staunest und demütig gen Himmel blickst, wann immer du ihn erspähst. Aber sei dir gewiss: Nie bist du allein."

Die Brücke verschwamm vor meinen Augen und an ihrer Stelle ragte nun ein riesiges Relief aus dem Boden: die Midgardschlange auf dem Weg zur Weltumrundung.

Die Stimme sprach: „Kleines Menschlein, bist du würdig, zu sehen, was den Göttern ist? Kleines Menschlein, bist du würdig, zu hören aller Götter Zwist? Jörmungandr, die Midgardschlange, ist Lokis Kind – in Jötunheim aufgezogen. Den Asen wurde durch Weissagung bekannt, dass von ihr und ihren zwei Geschwistern Fenriswolf und Hel großes Unheil ausgehen wird. Allvater Thor wollte ihnen die Macht nehmen, der Welt Böses zu tun, und so warf er die Schlange in die tiefe See, den Wolf band er mit elastischen Bändern, und Hel verbannte er in die Unterwelt. Jörmungandr aber wuchs zu ungeahnter Größe, umrundete in der tiefen See alle Länder und biss sich in den Schwanz. Sie und ihre Geschwister tragen die Last der Verantwortung für das Ende aller Zeiten. Dieses Ende, das da heißt Ragnarök, bedeutet Götterdämmerung. Die Ruine verschwand, das Steinrelief auch. An ihre Stelle trat ein riesiges steinernes Ohr, auf der Seite liegend.

Die Stimme sprach zu mir: „Siehe das Allhörende Ohr. Es ist da wie das Allsehende Auge. Sämtliche Geschichten von Asen und Einheriern, Zwergen und Riesen sind in dieses Ohr gedrungen. Höre nun du das letzte Kapitel meiner Erzählung und bewahre sie auf ewig in deinem Inneren, so wie das Allhörende Ohr hört, nie aber spricht: Zu Zeiten war es geschehen, nach Kriegen mit den Riesen, nach List und Verschwörung, dass den Göttern die Kontrolle über die Welt entglitt. Fenriswolf sprengte sein Band, Hel ward losgelassen, die Midgardschlange schüttelte sich. Es heißt in der Völuspa:

Brüder befehden sich und fällen einander,
Geschwister sieht man die Sippe brechen.
Unerhörtes ereignet sich, großer Ehbruch.
Beilalter, Schwertalter, Schilde krachen.
Windzeit, Wolfszeit, eh' die Welt zerstürzt.

Und da geschieht es, dass der Wolf die Sonne verschlingt, den Menschen droht großes Unheil. Der andere Wolf frisst den Mond, und die Midgardschlange gerät in Jötunzorn und steigt auf das Land. Die Schlange speit Gift aus, das Luft und Meer entzündet werden. Surtr, Muspelssohn, reitet hervor, und vor und hinter ihm lodert Feuer. Die Brücke Bifröst bricht entzwei. Loki und sein Gefolge, unter ihnen der Fenriswolf und die Schlange, reiten auf die Ebene.

Ein furchtbares Gemetzel nimmt seinen Lauf. Der Wolf verschlingt Odin, und Wirdar reißt den Wolf. Surtr schleudert sein Feuer über die Erde und verbrennt die ganze Welt. Die alte Esche, dort stand sie, dem Jötunzorn getrotzt, doch Lokis Rache brennt. Die heiße Lohe bedeckt den Himmel. Ein kleiner Fleck, verschont durch Brunnenwasser tief. Doch hilft kein Zauber. Himmel und Erde sind verbrannt. Am Ende heißt es hier:

Wirdar und Wali walten des Heiligtums,
Wenn Surtrs Lohe losch.

Nach Jahr und Tag folgt Nacht und Morgen. Aus Aschen steigt die Welt empor. Vernichtet ward, was hoch gekommen, so wird es sein, so war es einst. Bedenke gut, willst du es sagen, bedenke deiner Taten

Folge. Behalt's bei dir und sterbe weise, weil sonst der Brunnen ewig dörrt."

Da wurde ich wach, und der Traum war präsent. Ich beschloss, ihn aufzuschreiben.

## Erläuterungen

**Einige Passagen sind übernommen aus der Snorri-Edda um der Geschichte den richtigen Charakter zu verleihen.**

**Yggdrasil:** Weltenesche, verkörpert den gesamten Kosmos.

**Urds Brunnen:** Ausgangspunkt der drei Nornen (Schicksalsgöttinnen), die Urd (Schicksal), Verdandi (das Werdende) und Skuld (Schuld) heißen.

**Nidhöggr:** ein Drache.

**Jötunheim:** Riesenheim, eine mythische Gegend im Osten.

**Himinbiörg:** Himmelsberg, der Wohnsitz des Gottes Heimdall in Asgard.

**Asgard:** Wohnsitz der Asen (Götter).

**Midgard:** Erde oder Welt.

**Bifröst:** Regenbogenbrücke, eine schwankende Himmelsstraße, die Midgard und Asgard verbindet.

**Walaskialf** (Valaskjalf) oder **Walhall**: Einer der Götterpaläste in Asgard, dessen Dach mit Silber gedeckt ist.

**Völuspa:** Die Weissagung der Seherin.

**Midgardschlange:** Lokis Kind, auch Jörmungandr genannt.

**Hel:** Tochter Lokis, Herrscherin der Unterwelt.

**Fenriswolf:** Lokis Sohn; allen dreien (Midgardschlange, Hel, Fenriswolf) wird geweissagt, dass sie die Welt vernichten werden.

**Surtr:** Ein Feuerriese und Feind der Asen, Herrscher über Muspelheim.

**Muspelheim:** Ein feuriges Gebiet im Süden.

**Surtr:** auch Muspelssohn (Feuersohn) genannt, brennt die Erde nieder.

**Skalde** (altnordisch): Ein höfischer Dichter im mittelalterlichen Skandinavien, vorwiegend in Norwegen und Island.

**Einherier:** In der nordischen Mythologie die gefallenen Krieger, die von Odin nach Walhall gebracht werden.

**Wirdar** (Widar, Vidar): Ein Gott der Asen.

**Wali** (Vali): Ein weiterer Ase (Gott), Bruder von Wirdar.

***Bettina Pfeffer,*** *57 Jahre alt, ist Mutter einer erwachsenen Tochter und berufstätig. Schon seit ihrer Kindheit schreibt sie Gedichte und kleine Geschichten. Seit 2011 beteiligt sie sich regelmäßig an Ausschreibungen für Anthologien. Im Laufe der Jahre wurden dreizehn ihrer Werke veröffentlicht.*

# Eine Legende des Leprechauns

## Eine Sage aus Irland

Kennt ihr das bekannteste Wahrzeichen Irlands? Vielleicht seid ihr diesem als Leser*innen in anderen Geschichten schon einmal begegnet? Bei J. K. Rowling wäre dies vielleicht möglich. Nun fragt ihr euch bestimmt, welches Wahrzeichen ich meine, oder?

Nun, ich beziehe mich auf den Leprechaun. Er ist neben dem Kleeblatt und der Harfe das bekannteste Wahrzeichen Irlands, auch bekannt als Kobold. Der Kobold ist in den alten Legenden von Irland verwurzelt und gilt als Schuhmacher unter den Feen. Sicherlich habt ihr zumindest schon einmal gehört, dass Kobolde Goldmünzen horten und am Ende des Regenbogens verstecken? Die nun folgende Geschichte ist frei erfunden und erzählt, warum man nicht hinter dem Gold von Leprechaun her sein sollte.

Der Winter war über Irland hereingebrochen und brachte viel Schnee. Die grauen Wolken am Himmel jagten tagein und tagaus von Stürmen getrieben noch mehr Schnee über die Felder der Bauern. Irgendwann lag der Schnee meterhoch, sodass einige der Bauern ihre Arbeit einstellten. So auch Bauer Janosch, der sich lieber mit anderen Leuten des Dorfes Longshire in der ältesten Dorfkneipe Zum Hirsch traf, statt seiner Arbeit nachzugehen.

„Schlechte Zeiten für euch Bauern, wie?“, fragte der Wirt. Er reichte Janosch das vierte Glas Bier. „Das letzte Glas geht aufs Haus“, lächelte der Wirt.

„Danke“, erwiderte Janosch getrübt. „Das ist dieses Jahr der kälteste Winter, den wir in dieser Gegend Irlands je erlebt haben. Wenn das so weitergeht, weiß ich nicht, wovon ich meine Familie ernähren soll. Ich kann eigentlich nur auf ein Wunder hoffen.“

Die Unterhaltung der beiden Männer wurde von einem Barden unterbrochen, der im Gasthaus auftrat. Als der Barde seine Stimme erhob, übertönte er alle anderen. Ihnen blieb zwangsweise nichts anderes übrig, als zuzuhören. Je länger der Barde spielte, desto ruhiger wurde es in dem Gasthaus. Schon bald war nur noch das Knistern des Feuers im Kamin und die Stimme des Barden zu hören.

„Eine Gruppe von Abenteurern stieß einst in den Katakomben von Kelz auf die Behausung eines Kobolds", hieß es. „Sie überwanden viele Gefahren und wurden am Ende mit einem Topf voller Gold belohnt."

Einige Zuhörer lachten über die Geschichte. Nicht aber Janosch. Seine Gedanken schweiften in die Ferne. Einen Topf voll Gold konnte er dringend gebrauchen. Was würden seine Frau und seine Kinder sagen, wenn er von einem Abenteuer mit einem Topf voll Gold nach Hause kommen würde?

Nach der Geschichte setzten einige Zuhörer ihre Unterhaltungen fort. Nur Janosch drängte sich seinen Weg zu dem Barden, der nun alleine an einem Tisch saß und sich ein üppiges Abendessen bestellte. „Kannst du mir sagen, wo ich diese Katakomben finde?", erkundigte sich Janosch.

Der Barde sah Janosch musternd an. „Wieso sollte ich das?"

„Ich bezahle dich für die Auskunft." Janosch legte dem Barden zwei Goldstücke auf den Tisch.

„Nun gut. So sollst du deine Auskunft über die Katakomben erhalten."

Überrascht verfolgte Janosch, wie der Barde in seine Tasche griff. Er hätte mit einer mündlichen Auskunft gerechnet, nicht aber mit einem zusammengerollten Pergamentpapier.

„Wie soll mir das Papier weiterhelfen?", erkundigte sich Janosch misstrauisch.

Der Barde grinste. „Es ist eine Karte. Sie zeigt dir den Weg nach Kelz. Und zu den Katakomben. Aber sei gewarnt, ob du dann den Topf voller Gold tatsächlich bekommst, hängt von der Laune des Koboldkönigs Migell ab."

„Migell?", prustete Janosch. „Ein eigenartiger Name für einen Kobold."

Die Miene des Barden verfinsterte sich augenblicklich. „Willst du nun meine Hilfe, wie man schnell an Geld kommt?"

„Natürlich möchte ich Hilfe. Meine Ernte war schlecht. Ich werde so den Hof nicht weiterführen können und bin verzweifelt."

„Dann sollst du die Karte bekommen. Aber ich warne dich. Es wird kein Kinderspiel."

Mit dieser Warnung nahm Janosch die Karte von dem Barden entgegen. Was Janosch nicht mitbekam: Nach seiner Verabschiedung zog sich der Barde in eine dunkle Gasse zurück, in der er von niemandem gesehen werden konnte und … verwandelte sich in … einen Kobold. Er war zwar immer noch ein Mann, aber nun ganz in Grün gekleidet. Auf seinem Kopf trug er einen dreieckigen Hut mit Schnalle. An seinen Füßen prangten polierte Schuhe. Am auffälligsten jedoch war sein feuerroter Bart. Der Kobold schnipste mit seinen Fingern und verschwand.

Einen Tag später machte sich Janosch auf den Weg nach Kelz. Er umarmte seine Familie zum Abschied. Dann nahm er seinen Rucksack und brach auf. Im Sonnenlicht des jungen Tages marschierte er aus dem Dorf heraus, die einzige Hauptstraße entlang und irgendwann auf eine dunkle Tunnelöffnung eines Waldes zu. Einige Meilen verlief die Straße schnurgerade durch den Wald, wurde immer schmaler, ging nach dem Wald in einen Feldweg über und endete schließlich in einem Trampelpfad, der so überwuchert war, dass sich Janosch stellenweise den Weg nur mit einem Messer freischneiden konnte. Gegen Abend beschloss er, ein Lager aufzubauen. In einer Höhle fand er Unterschlupf. Es war ein geschützter Lagerplatz. Er entfachte ein Feuer und aß gut.

Als er am nächsten Tag seinen Weg fortsetzte, bemerkte Janosch häufig Spuren von rollenden Rädern unter seinen Füßen, die sich fest in die Erde hineingepresst hatten. Irgendwann ließ Janosch die Straße hinter sich und stieß auf einen noch dichteren Wald. Entwurzelte Bäume und auf den Weg verstreute Felsbrocken behinderten ihn. Oftmals musste er Umwege in Kauf nehmen. Manchmal traf er auf Schauplätze, wo es Überfälle gegeben haben musste, auf die rostzerfressene Waffen und Rüstungen zwischen den Wurzeln schließen ließen.

Irgendwann stellte Janosch fest, dass der Pfad vor ihm von einem tiefen Riss durchzogen wurde. Von weit unten drang ihm das Getöse eines Flusses entgegen. Nebel stieg aus den Tiefen hervor und gab der Umgebung eine gespenstische Idylle. Eine Brücke überspannte den flussgeformten Spalt vor ihm. Die Seile ächzten und die Brücke tanzte bei jedem Schritt unter seinen Füßen. Mit einem Mal löste sich eines der Seile. Die Brücke löste sich auf! In Sekundenschnelle stürzte Janosch unaufhaltsam in die Tiefe. Wassermassen ergossen sich bei seinem Aufprall in den Fluss über Janosch. Strudel zogen ihn nach unten.

Gerade als er aufgeben wollte, weiter gegen die Wassermassen anzukämpfen, stieß Janosch auf Land. Das Wasser hatte ihn in eine unterirdische Grotte getragen und ihn geradewegs in die Katakomben transportiert, die er gesucht hatte. Janosch war so erschöpft von seinem Überlebenskampf gegen die Fluten, dass er zu spät bemerkte, wie eine Gruppe kleinerer Kobolde aus einem Tunneleingang auf ihn zusprang. Einer der Kobolde war größer als alle anderen. Er trug einen dreieckigen Hut auf dem Kopf.

Janosch erinnerte sich an den Barden aus der Gaststube. „Dich kenne ich doch“, stammelte Janosch. „Du warst in unserer Dorfkneipe. Erinnerst du dich an mich?“

Der Kobold zog lächelnd die Augenbrauen hoch. „Du befindest dich nun im Reich der Kobolde. So und nicht anders wollte ich es haben. Hast du wirklich geglaubt, du findest einen Topf voll Gold?

Aus dir mache ich einen Sklaven, der bis an sein Lebensende für uns Kobolde arbeiten wird. Finde dich damit ab, dass du deine Leute und das Tageslicht deiner Welt nie wiedersehen wirst. Das ist die Bestrafung dafür, wenn man zu gierig ist."

Vielleicht hätte Janosch versuchen sollen, die Flucht zu ergreifen? Vielleicht hätte er gegen die Kobolde kämpfen sollen? Doch seine Kräfte waren erschöpft und er war umzingelt. So kam es, wie es der König der Kobolde ausgesprochen hatte. Janosch verbrachte den Rest seines Lebens unter der Erde. Anfangs suchte man noch nach ihm. Doch irgendwann geriet sein Name in Vergessenheit.

***Vanessa Boecking** ist eine vielseitige Autorin, die sich in verschiedenen Genres bewegt. Bekannt wurde sie unter anderem durch ihre Fantasy-Manga „Osiris, die Supermumie" und „Damian, der Zauberer".*

# Göbekli Tepe

### Eine Sage aus der Türkei

Ein ganz normaler Arbeitstag im Jahr 1994 begann für den Archäologen Schmidt, als er noch einen kleinen Spaziergang in der heutigen Türkei machte. Die Sonne schien. Es war Sommer. Schmidt ging über das Feld, das zu den Bergen führte, zur Arbeit, als er plötzlich und ganz unerwartet über etwas stolperte. Anfangs ärgerte er sich, dass er so tollpatschig war, doch dann, als er auf den mit Sand bedeckten Boden schaute, sah er etwas Spitzes aus dem Boden herausragen. Er kniete sich nieder und begann mit beiden Händen, Sand und Erde beiseitezuschieben. Er grub immer tiefer und tiefer, bis er schon einigermaßen erkennen konnte, was es war. Es war ein Stein, der aussah wie eine Art Megalith. Auf dem Stein waren verschiedene Figuren abgebildet. Schmidt sah noch genauer hin. Nein, es waren keine Figuren, erkannte er. Es waren Tiere abgebildet. Da wusste er: Er hatte etwas Bedeutendes gefunden. Etwas, was die ganze Menschheitsgeschichte verändern würde. Es war Göbekli Tepe.

*Göbekli Tepe* bedeutet übersetzt so viel wie *bauchiger Büschel.* Es hat eine Höhe von circa 15 Metern und einen Durchmesser von circa 300 Metern. Mit seiner runden T-Form ähnelt es besonders dem uns bekannten Stonehenge aus England.

Dieser Ort befindet sich in der heutigen Türkei und ist mit über 11.000 Jahren die älteste Ausgrabungsstätte der Welt, weit älter als die Pyramiden von Gizeh, die etwa 4.500 Jahre alt sind.

Heute wissen wir, dass die megalithischen Strukturen von Sammlern und Jägern errichtet wurden, die später zu Ackerbauern wurden. Es symbolisiert also einen besonderen Wendepunkt der Menschheitsgeschichte.

Was die Figuren angeht, die auf den Megalithen abgebildet sind, so sollen die meisten von ihnen Tiere wie Wildkatzen, Bären, Schlangen oder auch andere Tiere symbolisieren. Ebenfalls sind auf einigen auch andere Figuren wie Götter, Dämonen und Ahnen zu sehen. Die Bedeutung dieser Symbole, Figuren oder gar dieses Ortes bleibt jedoch, genauso wie beim Stonehenge, ein Rätsel.

***Alina Zaripov,*** *geboren 2005, in Kempten im Allgäu. Hobbys: Zeichnen, Lesen, Schreiben, Speedcubing, Klavierspielen.*

# Wie die Milchstraße entstand

**Eine Sage der Azteken**

Eines Tages beobachteten die vier Urgötter, wie der Himmel auf die Erde stürzte. Dies geschah vier Jahre, nachdem die Sonne erloschen war und der große Regen begann. Die Urgötter befahlen, vier Wege anzulegen, die zum Mittelpunkt der Erde führen sollten. Sie mussten dorthin, weil sie planten, an diesem Ort den Himmel wieder anzuheben und zurück an seinen Platz zu bringen. Da sie Helfer brauchten, erschufen sie vier Männer, die sie Tzontemoc, Itzcouatl, Itzmalin und Tenexxochitl nannten. Diese Männer begleiteten sie zum Mittelpunkt.

Quetzalcoatl, die gefiederte Schlange, und Tezcatlipoca, der rauchende Spiegel, zwei der vier Urgötter, verwandelten sich in Bäume. Den einen nannten sie große Quetzalfederblume, den anderen Spiegelbaum. Durch diese beiden Bäume, die vier Männer und die beiden übrigen Götter konnte der Himmel mit seinen Gestirnen aufgerichtet und an seinen Platz zurückgehoben werden.

Der Vater aller Götter, Herr unseres Fleisches, auch als Huehueteotl, der alte, alte Gott, bekannt, machte Tezcatlipoca zum Gott der Nacht und Quetzalcoatl zum Gott des Windes. Sie wurden zu den Herren des Himmels. Beide schufen einen Weg, auf dem sie wandeln und sich immer wieder treffen.

Auch heute noch ist der Pfad am Nachthimmel zu sehen. Wir kennen ihn unter dem Namen Milchstraße.

***Nicole Gabrys:*** *Jahrgang 1975, lebt in Duisburg, hat zwei erwachsene Kinder und zwei Enkelkinder. Von ihr sind bereits einige Kurzgeschichten in verschiedenen Anthologien erschienen. Mittlerweile hat sie zwei Romane veröffentlicht. Sie freut sich, dass sie durch einen Schreibwettbewerb mit ihrem Mystery-Krimi den 6. Platz belegte, der demnächst erscheinen wird.*

# Ein mysteriöser Fall auf der Nürburg

## Eine Sage aus der Eifel

So langsam begann Meierhoff zu verstehen. Mehr und mehr setzte sich das Puzzle der letzten Tage zusammen, das er zu Anfang nicht zusammenzusetzen vermochte.

Zwei Tage zuvor war er am frühen Morgen zur Nürburg gerufen worden, da ein Touristenpärchen bei der Erkundung der Fluchtburg eine Leiche inmitten der alten Kernburggemäuer gefunden hatte. Sogleich begann die Fahndung nach einem Unbekannten. Der Zustand des Toten ließ darauf schließen, dass der Tod am Vorabend der Entdeckung von einer fremden Hand eingetreten sein musste. Selbstmord wie auch ein natürlicher Tod wurden von den Experten ausgeschlossen – dafür gab der Körper der Leiche zu viele unmittelbare Hinweise.

Während die Kollegen der Spurensuche begannen, die Beweise zu sichern, machten sich andere auf den Weg, die Anwohner zu befragen, doch dabei kamen – außer einigen diffusen Mutmaßungen – keine verwertbaren Informationen heraus. Schnell wurde klar, dass niemand gesehen hatte, wie der Tote die Burg betreten hatte, und als man dessen geparktes Auto und Brieftasche mitsamt den Ausweispapieren in einem nahen Waldstück fand, wusste Meierhoff, dass der Tote ein Auswärtiger war.

Wer aber hatte den Toten in diesen Wald gelockt, um ihn dort umzubringen und zur Burg zu schleppen? Oder hatte er an Ort und Stelle geparkt und der Tod fand auf der Burg statt? Einen Kampf konnten die Kollegen von der Spurensuche am Fundort nicht feststellen, doch das konnte auch an dem glatten Steinboden liegen, auf dem die Leiche lag. Viel Blut hatte sie nicht verloren, sodass eine eindeutige Blutspur ausgeschlossen schien.

Das war zwar nicht Meierhoffs erster Mordfall, doch der erste, der so wenige eindeutige Informationen bot. Außer der Herkunft des

Toten und dem geparkten Auto im Wald wusste er rein gar nichts. Zumeist hatte er es mit Mordfällen zu tun, bei denen die Verdächtigen oder sogar der Täter schnell klar schienen und deren Aufenthaltsorte zu ermitteln waren. Das war dieses Mal völlig anders.

Von der Spurensuche wurden auf Verdacht Unmengen an Proben genommen und Bilder vom Tatort geschossen, die sich Meierhoff immer wieder auf seinem Computer ansah, um etwas darauf zu entdecken.

Plötzlich fiel ihm auf einem Bild etwas auf, das er vorher nie gesehen hatte, auch wenn er sich fragte, wie ihm das durch die Lappen hatte gehen können. In einer hinteren, abgedunkelten Ecke des Fundorts der Leiche hing ein altertümlich wirkendes Schild an der Wand. Meierhoff druckte das Foto aus und wusste sogleich, dass das Schild nicht dorthin gehörte. Die Burg war kein restauriertes Museum, sondern eine Ruine, und kaum dass er das Bild in seinen Händen hielt, fuhr er zur Burg und fand den Tatort unbetreten vor. In der Ecke hing weiterhin das Schild im Schatten der halbzerstörten Wand. Dieses Schild musste der Schlüssel zu dem Mord sein, ahnte Meierhoff und dachte über die mögliche Motivation des Täters nach.

Es brauchte den Schlaf einer Nacht, ehe er bei diesem Rätsel weiterkam. Da es sich um eine Burg aus dem Mittelalter handelte, vermutete er, dass das Schild eine Anspielung auf die früheren Besitzer der Burg sein sollte. Meierhoff setzte einen jungen Kollegen auf die Recherchearbeit an und erhielt schon bald die benötigten Infos. Mit diesen machte er sich wieder auf den Weg zur Ruine und glich sie mit den neuen Informationen vor Ort ab. Mit jedem Schritt ergaben sich neue Abzweigungen, denen er folgen konnte.

Er untersuchte den Tatort erneut und versuchte sich vorzustellen, in welchem Raum der Burg er sich befand. Doch es gab keine näheren Hinweise, denn dafür war die Zerstörung viel zu groß. Aber dass es sich vor einigen Jahrhunderten um das Schlafgemach des Grafen zu Are gehandelt haben konnte, vermochte er sich vorzustellen.

Inzwischen gelangten auch die angeforderten Ermittlungsergebnisse der Kollegen aus dem Landkreis des Toten zu Meierhoff. Wie er vermutet hatte, gab es keine Gründe, in dessen näherem Umfeld nach dem Mordgrund zu suchen, und seine Frau musste nach den Ermittlungsberichten ein einziges Nervenbündel gewesen sein. Doch der Umstand, dass der Tote das Verkleiden und Besuchen von Mittelalterfesten als Hobby hatte, unterstützte Meierhoffs These, dass das Motiv im Tod selber liegen musste. Es ging nicht um den Tod als Auslöschung eines Lebens, sondern um das Ritual des Sterbens – und es war in dem Hobbyumfeld des Toten zu suchen.

Als dem Ermittler dieser Gedanke durch den Kopf ging, hatte er das Gefühl, das Puzzle zumindest in seinem Rahmen zusammengesetzt zu haben. Jetzt musste noch die Mitte zurechtgelegt werden, doch das würde sich sicherlich mit der Zeit der fortschreitenden Ermittlungen fügen. Da war er sich aus einem nicht näher bekannten Grunde sicher.

Als Nächstes nahm er sich die Notizen seines Kollegen vor und untersuchte diese nach einer rituellen Handlung, die sich rund um das Schild abgespielt haben musste. Er fand in den Notizen eine Geschichte aus dem zwölften Jahrhundert, in der Ulrich von Are, der als Wegbegleiter von Königen und Kaisern große Schlachten geschlagen hatte, kurz vor seinem Tod seine Söhne Gerhard und Lothar auf die Burg rief. Er erzählte ihnen die Geschichte von seinen großen Taten und zeigte mit bestimmter Hand auf das Schild am rechten Bettpfosten, das an seiner Schulterschnur festgemacht war. Wenn dieses Schild beim Sonnenaufgang des dritten Tages von alleine auf den Boden fallen würde, presste der sterbende Graf zwischen den Zähnen hervor, wäre er ins Paradies eingezogen. Soweit sagte es die Legende.

In Meierhoffs Kopf setzte sich nun auch das Innere des Puzzles zusammen. Er holte seinen jungen Kollegen dazu und erzählte ihm von seiner Idee. Dieser sah ihn mit großen Augen an und konnte sich im ersten Moment nicht vorstellen, dass sein erfahrener Kollege das soeben Erzählte ernst meinte. Doch er ließ sich breitschlagen, mit Meierhoff die folgende Nacht auf der Burg zu verbringen.

Sie packten sich warme Kleidung und ausreichend Verpflegung ein, fuhren zur Burg, parkten in einiger Entfernung und schlichen sich an den Tatort.

Dort angekommen, prüften sie die Anwesenheit des Schildes und legten sich auf die Lauer. Die Ruine bot ihnen einen schwer einsehbaren, kleinen Unterbau, den sie auch bitter benötigten, als mitten in der Nacht dichte Wolken aufzogen und mit der Morgendämmerung ein starker Regen einsetzte.

In der nasskalten Höhle sitzend, kaum geschützt vor dem peitschenden Wind, verfluchte der junge Kollege seine Bereitschaft, mitzumachen, als urplötzlich ein Schatten unterhalb des Plateaus vorbeihuschte. Sogleich war die angespannte Stille zurück bei den Polizisten und sie beobachteten, wie tatsächlich eine vermummte Person den Tatort betrat und sich Richtung Schild orientierte. Zur großen Überraschung der beiden Ermittler war die Person eine Frau, die sich einige Schritte vor das Schild stellte und im niederprasselnden Regen wartete.

Durch den Regenschleier vermochte es Meierhoff nicht, die Frau mit den Fotos der Ehefrau abzugleichen, doch er wusste, dass sie bisher unbemerkt geblieben waren, und hielt den jungen Kollegen vom Zugriff ab, da er sehen wollte, was passierte.

Dann geschah es. Obwohl die Frau mehrere Schritte vom Schild entfernt stand, löste sich dieses von der Wand und fiel scheppernd zu Boden. Die beiden Polizisten erschraken bis ins Mark und verrieten sich durch ihre Bewegungen. Die Frau blickte durch den Regenschauer in ihre Richtung und es entstand eine kurze Pause, in der alle drei jeden Tropfen des niederprasselnden Regens hören konnten.

Die Frau kam jedoch bald zu Sinnen und wollte wegstürmen, doch Meierhoff reagierte am schnellsten und schnitt ihr mit einigen weiten Schritten den Fluchtweg ab. Die Frau rannte in seine Arme und ließ sich nach kurzem Gerangel widerstandslos festnehmen. Es war eindeutig die Frau des Toten, Meierhoff nahm sie als Mordverdächtige fest.

Die Polizisten brachten sie zur Wache, vermeldeten den Fahndungserfolg und überließen die Frau den Psychologen der Untersuchungshaft, da sie in den polizeilichen Vernehmungen kein einziges Wort sagte, sondern immer nur freudestrahlend lächelte, wenn die Sprache auf das Schild und die Todesumstände ihres Mannes kam.

Da sich Meierhoff sicher schien, dass der Mordfall damit aufgeklärt war, widmete er sich wieder seinen anderen Fällen.

Eines jedoch beschäftigte Meierhoff noch über Wochen und Monate. Er fragte sich immer wieder, ob es einen Mechanismus gegeben hatte, der das Schild just zur rechten Zeit von der Wand fallen ließ. Die Frau konnte nicht der Auslöser gewesen sein. Aber welcher Mechanismus war so gut versteckt, dass er am dritten Sonnenaufgang ohne Auslöser und von den Ermittlern unentdeckt funktionierte? Dieser Frage würde er allein für sein eigenes Seelenheil nachgehen müssen. Dessen war sich Meierhoff hingegen sehr sicher.

***Christian Knieps,*** *geboren 1980, lebt und arbeitet in Bonn, schreibt Romane, Theaterstücke, Novellen und Kurzgeschichten. Zuletzt: „Tynn. Magischer Roman". Mehr Infos zu den Veröffentlichungen auf christianknieps.net.*

# Melusina

## Die Sage von der Gründung Luxemburgs

Im Land, wo einst die Trever lebten, an der alten Römerstraße von Trier nach Arlon, liegt im heutigen Großherzogtum Luxemburg der kleine Ort Koerich. An diesem Ort, den man das Tor zum Tal der sieben Schlösser nennt, beginnt vor etwas mehr als tausend Jahren im Grafenschloss unsere Sage.

In dem Schloss wohnte Siegfried, der Sohn von Kunigunde, einer Ur-Ur-Ur-Enkelin Karls des Großen, des berühmten Königs des Frankenreichs. Wer Siegfrieds Vater war – darüber streiten sich die Historiker. Es könnte Kunigundes erster Ehemann gewesen sein – Wigerich, der Pfalzgraf von Lothringen. Oder Kunigundes zweiter Ehemann – Richwin, der Graf von Verdun. Oder gar ein dritter Mann, der in keiner bekannten Urkunde erwähnt wird. Wer auch immer es gewesen ist, man erzählte sich früher, Siegfrieds Vater habe in einem Schloss in Koerich gelebt, das er seinem Sohn vermacht hat. Ob das stimmt, wird heute bezweifelt.

Zum Glück handelt es sich hier um eine Sage und nicht um genaue Geschichtsschreibung. Jedenfalls stehen in Koerich heute noch die Ruinen des einstigen Grafenschlosses mit seinem Hexenturm. Daneben gab es dort früher noch ein weiteres Schloss, das Fockenschloss, von dem nichts mehr übrig ist und an das nur noch eine Straße erinnert.

Eines schönen Tages ritt Graf Siegfried von seinem Schloss in Koerich aus durch das Land, um zu jagen. Dabei verfolgte er einen prächtigen, weißen Hirsch, ohne groß darauf zu achten, wohin er ritt. So kam er knapp zwanzig Kilometer weiter südöstlich in ein tiefes, wild mit Bäumen und Büschen bewachsenes Tal, das sich der Fluss gebahnt hatte, den die Luxemburger heute Uelzecht und die Franzosen Alzette nennen. Dort, wo heute die Stadt Luxemburg steht, macht der Fluss eine große Schleife um einen riesigen Felsen, der Bockfelsen genannt wird. Oben auf dem Felsen sah Siegfried die von wildem Efeu überwucherte Ruine einer kleinen Burg, die wahrscheinlich von den Römern erbaut worden war. Er hatte schon als Kind Geschichten darüber gehört, dass es hier schon lange vor den Römern eine Siedlung gab. Und in den wenigen Nächten, in denen ein Blutmond den Bockfelsen in ein unheimliches rotes Licht taucht, sollen sich dort Hexen getroffen und Alraunen, Bilsenkraut und andere mystische Pflanzen gesammelt haben.

An jenem Abend jedoch, als Siegfried in die Gegend kam, war weit und breit kein Mensch zu sehen. Und auch der weiße Hirsch war längst auf und davon.

Es war also Abend, Siegfried war enttäuscht und hatte sich verirrt, stand vor dem Fluss und wollte gerade wieder umkehren. Da hörte er von oben, von der Burgruine, den wunderschönsten Gesang, den er jemals in seinem Leben gehört hatte. Es war die Stimme einer Frau, und sie klang so magisch, als käme sie aus einer anderen Welt. Siegfried war sofort wie verzaubert und musste unbedingt wissen, wem diese Stimme gehörte.

Da band er sein Pferd an einen Baum, schwamm über die Uelzecht ans andere Ufer und kletterte den Bockfelsen hinauf, immer der Stimme folgend. Auf dem Weg nach oben zertrat er aus Versehen eine weiße Lilie. Ganz oben, auf den Trümmern der alten Burg angekommen, sah er eine Frau in einem langen, grünen Kleid, das mit Perlen und Edelsteinen bestickt war. Sie hatte den Schleier vom Gesicht genommen und der Wind spielte mit ihrem langen, blonden Haar. Ihr Blick war gen Westen gerichtet und ihre Augen glitzerten in der dunklen Abenddämmerung.

Siegfried stand da wie angewurzelt und starrte die Frau an. Er öffnete den Mund, brachte aber keinen Ton heraus. Als die Frau ihn sah, hörte sie auf zu singen und lächelte Siegfried an. Leise flüsterte sie ein einziges Wort. Obwohl sie weit von Siegfried entfernt war, hörte er das Wort ganz deutlich, so, als hätte es der Wind direkt an seine Ohren getragen: „Melusina."

In diesem Moment verschwand die Sonne am Horizont. Da zog die Frau den grünen Schleier über ihr Gesicht und sprang hinter die Trümmer, auf denen sie eben noch gesessen hatte. Siegfried eilte ihr hinterher, aber so sehr er sich auch umsah, er konnte sie nirgendwo finden.

Traurig und glücklich zugleich kehrte Siegfried zu seinem Pferd zurück. Es war dunkel geworden und viel zu spät, um noch am selben Tag nach Koerich zurückzureiten. Aber die Gegend war sicher und Siegfried legte sich unter einen Baum, um zu schlafen.

„Melusina – das muss ihr Name sein. Was für eine Stimme ...“, war sein letzter Gedanke und mit einem Blick auf die Uelzecht, die der Vollmond in ein gespenstisches milchiges Licht tauchte, schlief er ein.

Am nächsten Morgen war Siegfried wie verwandelt. Was er in den nächsten Tagen auch tat, er konnte die schöne Frau vom Bockfelsen und ihren Gesang nicht vergessen. Er musste sie wiedersehen. Darum ritt er mehrere Wochen lang immer wieder zu verschiedenen Tages- und Nachtzeiten in das Tal der Uelzecht und suchte überall nach ihr. Vergebens.

Aber Melusina war immer da, in ihrem Versteck, und beobachtete ihn durch die Blätter der Erlen hindurch. Sie wusste, dass Siegfried nur ihretwegen zurück in das Tal gekommen war. Und weil es ihr gefiel, dass er sie nicht vergessen konnte, beschloss sie eines Tages, sich ihm wieder zu zeigen. Sie setzte sich auf einen Felsen im Schatten der hundertjährigen Eichen neben der Uelzecht – und dort ließ sie sich schließlich von Siegfried bei einem seiner zahlreichen Streifzüge finden.

Endlich, nach so langer Zeit, konnte er mit der schönen Melusina sprechen. Er spürte ein Feuer in seinem Herzen und wusste, dass es für immer für sie brennen würde und nichts es löschen könnte. So dauerte es nicht lange, bis er zu ihr sagte: „Ech sinn frou mat dir.“ Das ist Luxemburgisch und bedeutet so viel wie: „Ich bin froh mit dir.“ Die Luxemburger verwenden diesen Satz, um: „Ich liebe dich“, zu sagen. Melusina liebte Siegfried auch. Und weil sich die beiden liebten, fragte Siegfried Melusina, ob sie seine Frau werden wolle. Natürlich hatte er auf ein „Ja“ gehofft. Aber er war auch mit dem: „Ja, aber ...“, zufrieden, das sie ihm als Antwort gab. Sie hatte nämlich zwei Bedingungen: Erstens wollte sie den Bockfelsen niemals verlassen müssen und zweitens wollte sie einen Tag pro Woche für sich alleine haben. Siegfried durfte sie am Samstag nicht sehen, er durfte nicht zu ihr gehen und er durfte sie auch niemals fragen, was sie denn den lieben langen Tag so ganz alleine unternahm.

Siegfried versprach ihr beides und bald darauf heirateten sie.

Die Sache mit dem Bockfelsen war ein kleines Problem, das Siegfried aber schnell klären konnte. Der Bockfelsen gehörte der Reichsabtei Sankt Maximin im Norden von Trier, die fast achtzig Jahre früher, im Jahr 882, vollständig von den Wikingern zerstört worden war. Siegfried ging also nach Trier und bot der Abtei an, das Land um den Bockfelsen gegen Ländereien etwas weiter nördlich in Feulen zu tauschen, die Siegfried gehörten. Die Abtei war einverstanden und holte sich die Zustimmung des Kölner Erzbischofs und am 17. April im Jahre 963 – das ist belegt – unterzeichnete Siegfried in der Abtei einen Tauschvertrag und wurde zum neuen Herren des Bockfelsens.

Leider hatte Siegfried kein Geld, um die alte Burgruine in ein prächtiges Schloss zu verwandeln. Aber auch hier wusste er sich mit einem Tauschhandel zu helfen: So sehr wollte er seiner Frau Melusina ihren Wunsch erfüllen, dass er den Teufel beschwor und diesem seine Seele im Tausch gegen ein frisch gebautes Schloss anbot. Der Teufel nahm die Seele dankend an und schon am nächsten Tag stand auf dem Bockfelsen ein wunderschönes Schloss, genau so, wie Siegfried es sich für Melusina gewünscht hatte. Die Bewohner des Landes hatten die alte Burg auf dem Bockfelsen auch früher schon immer Lucilinburhuc genannt – Siegfried gefiel der Name. Aus dem alten Namen der Burg wurde später der Name der Stadt und noch später des Landes Luxemburg. Durch den Vertrag mit der Kirche und den Pakt mit dem Teufel nach beiden Seiten hin abgesichert, konnte eigentlich nichts mehr schiefgehen. Siegfried war froh, dass er sein erstes Versprechen erfüllt hatte.

Und auch an sein zweites Versprechen hielt er sich sehr lange. Im Schloss gab es spezielle Räume, in die sich Melusina jeden Samstag zurückziehen und die sie mit einem Schlüssel abschließen konnte, den sie immer bei sich trug. Siegfried respektierte ihren Wunsch – denn nicht erst seit *November Rain* wissen die Menschen, dass jeder hin und wieder etwas Zeit für sich selbst braucht. Melusina ging also einfach jeden Freitagabend in ihre abgeteilten Zimmer, sperrte sich ein und kam am Sonntagmorgen wieder raus, als sei nichts passiert. Siegfried verbrachte den Samstag dann meistens mit seinen Kumpels und fragte seine Frau am Sonntag noch nicht einmal, wie ihr Samstag gewesen war. Sie ihn auch nicht.

Das ging lange Jahre so, die Ehe der beiden lief sehr gut. So gut, dass sie sieben Kinder miteinander hatten.

Irgendwann aber hatte Siegfried Albträume und kam ins Grübeln. Was konnte seine Frau, die nach all den Jahren noch so schön war wie am ersten Tag, nur jeden Samstag alleine machen? Eine Mischung aus Neugierde und unerklärlicher Eifersucht packte ihn. An einem Samstag im November, als es regnete und er nichts anderes unternehmen konnte, wurde es ihm schließlich zu viel. Da nahm er sich heimlich den Zweitschlüssel zu ihren Zimmern und verschaffte sich Zutritt.

Dort sah er etwas, das er sich nicht hätte ausdenken können. Melusina war in einer Kammer tief unten im Schloss, die nur über eine kleine, steinerne Wendeltreppe und einen engen, in den Fels gehauenen Gang erreicht werden konnte. Dort hinein hatte sie den Strom der Uelzecht umgeleitet. Sie schien in dem fließenden Wasser zu schweben, in das sie bis zu ihrer Hüfte eingetaucht war, und hielt eine Pergamentrolle in der Hand, in der sie vertieft zu lesen schien. Durch das Licht der Fackeln an den Wänden sah Siegfried im klaren Wasser, dass ihre Beine verschwunden waren. Stattdessen hatte sie einen langen Fischschwanz mit zwei großen Schwanzflossen, die sie im Strom des Wassers gleiten ließ.

Als sie Siegfried sah, peitschte sie mit ihrem Schwanz das Wasser, sodass es Siegfried direkt ins Gesicht spritzte. „Siggi! Ich hab dir doch gesagt, dass ich am Samstag allein sein will. Was machst du hier unten? Wie bist du überhaupt hier reingekommen? Ist was mit den Kindern?“, fuhr sie ihn an.

„Melli ... Es tut mir leid. Nein, den Kindern geht es gut. Ich war halt neugierig und wollte wissen, was du so machst. Meine Kumpels haben immer gefragt, wo du am Samstag bist, und immer irgendwelche blöden Witze gerissen, das wurde mir irgendwann echt peinlich ...“

Sie schaute ihn finster an.

„Melli, mach dir bitte keine Sorgen. Du kannst also lesen. Es gibt echt Schlimmeres ... Warum hast du mir das nicht erzählt? Du kannst doch auch oben bei mir lesen ... Na, egal, wir können über alles reden! Ah ja, und du bist halb Fisch. Super! Ich finde, der Fischschwanz steht dir echt gut, bestimmt bist du die schnellste Schwimmerin in der ganzen Grafschaft. Vielleicht kann ich mir auch so einen Fischschwanz zulegen, dann können wir zusammen schwimmen?“

Melusina fing an zu weinen. „Siggi ... Du verstehst es nicht. Der

Fischschwanz oder dass ich lesen kann, sind nicht das Problem. Dafür schäme ich mich nicht, im Gegenteil, ich bin sogar richtig stolz darauf. So eine Frau wie mich gibt es hier in der Grafschaft bestimmt kein zweites Mal. Nein, das Problem ist ein ganz anderes. Ich brauche einfach einen Tag die Woche für mich allein, damit ich mich um mich selbst kümmern kann. Verstehst du? Ich muss mich hier im Untergrund des Schlosses einsperren, um wirklich frei zu sein. Aber das ist es auch nicht … Nein. Du hattest es versprochen. Und dann hast du dich nicht an dein Versprechen gehalten!"

Er schaute sie an und nickte nur etwas verdattert. Aber sie hatte sich wieder gefangen und erklärte weiter. „Als wir geheiratet haben, hast du mir versprochen, dass du das respektieren wirst. Ich hab dir all die Jahre vertraut, doch du hast heute dein Versprechen gebrochen. Dann muss ich mein Versprechen dir gegenüber auch nicht mehr halten! Ich verschwinde." Sie setzte zum Tauchen an.

„Warte!", schrie Siegfried. „Jetzt warte doch mal. Mach doch jetzt nicht so ein Drama daraus!"

Sie drehte sich noch mal zu ihm um und schaute ihn vorwurfsvoll an. „Was?"

„Jetzt mach mal langsam. Du willst einfach abhauen? Hör mal, wir haben sieben Kinder! Was soll ich denn machen, wenn die in die Pubertät kommen und auch alle jeden Samstag Fischschwänze haben und zum Schwimmen in den Keller wollen? Außerdem – findest du es nicht ein wenig ungerecht, dass du mir so lange nichts davon erzählt hast?"

Melusina schüttelte den Kopf. „Siggi, mach dir keine Sorgen. Das wird unseren Kindern nicht passieren. Sie sind Menschen, so wie du. Ich aber habe verstanden, dass ich zurück ins Wasser muss. Lebe wohl!" Und mit diesem Satz legte sie die Pergamentrolle beiseite, tauchte ins Wasser ein und peitschte es nochmals mit ihrem Schwanz. Dann wurde sie ein Teil des Wassers und schwamm mit dem Strom aus der Kammer hinaus.

Siegfried hat bis zum Ende seines Lebens nie so richtig verstanden, warum Melusina ihn verlassen hatte. Er hat sie nie wiedergesehen. Manche Leute erzählen, dass sie sich immer wieder heimlich in der Nähe des Schlosses mit ihren Kindern getroffen hat, die ihre Mutter brauchten. Andere sagen, sie sei verwunschen worden und lebe bis heute in den Tiefen des Bockfelsens. Sie soll an einem Hemd nähen.

Alle sieben Jahre erscheint sie auf dem Felsen und macht nur einen einzigen Stich. Wenn das Hemd eines Tages fertig sein wird, soll sie zwar erlöst sein, aber die Stadt Luxemburg soll dann in Trümmer zerfallen. Es gibt eine Möglichkeit, dieses Schicksal abzuwenden: Wenn Melusina einem Mann erscheint und einen Schlüssel im Mund trägt, muss der Mann ihr den Schlüssel mit seinen Lippen aus dem Mund nehmen und ihn in die Uelzecht werfen. Dann soll sie endlich für immer frei sein.

Niemand vermag genau zu sagen, was wirklich mit Melusina passiert ist. Ich mochte folgendes Ende immer am meisten: Vielleicht hat sich Melusina längst selbst ihre Freiheit geholt. Sie ist eine Tochter des Wassers und war schon an dem Ort, wo heute Luxemburg steht, als dieser noch tief unter der Meeresoberfläche lag. Den Schlüssel hat sie einfach als Andenken mitgenommen, als sie in jener Nacht aus dem Bockfelsen über Uelzecht, Sauer, Mosel und Rhein in die Nordsee hinausschwamm. Sie braucht ihn dort in den Tiefen des Meeres, wo es keine Türen und Schlösser gibt, nicht mehr. Warum sollte ihn also noch ein Mann für sie ins Wasser werfen? Nach Tausenden von Jahren am selben Ort erkundet sie noch heute die Weiten des Ozeans und kehrt hin und wieder auf demselben Weg in ihre Heimat Luxemburg zurück.

Wie dem auch sei: Heute sitzt eine Skulptur der Melusina auf einem Block aus Stein im Luxemburger Stadtteil Grund, am Ufer der Uelzecht. Der Künstler Serge Ecker durfte sie dort zum tausendfünfzigsten Geburtstag der Stadt im Jahr 2013 hinsetzen. Vielleicht genau an dem Ort, an dem Melusina und Siegfried sich einst ihre Liebe gestanden.

***Michael Wiesendorf** lebt in München, verbringt aber die meiste Zeit in Mittelerde oder dem malazanischen Imperium. Er schreibt schon länger Geschichten und Gedichte, hat sich aber noch nie getraut, etwas zu veröffentlichen. Jedenfalls nicht bis heute.*

# Der Rattenfänger von Hameln

**Eine Sage aus Hameln**

Es war einmal eine Stadt namens Hameln, eingebettet in die sanften Hügel eines fruchtbaren Tales. Die Stadt war einst ein florierender Ort, doch eines Tages erlebte Hameln eine Katastrophe: Die Straßen wurden von einer unaufhörlichen Rattenplage heimgesucht. Die Nager waren überall – in den Häusern, auf den Feldern und sogar in den Lagerhäusern der Stadt. Keine Falle und kein Gift schien sie aufhalten zu können.

Die Verzweiflung der Stadtbewohner wuchs und bald wurde ein Rat einberufen, um eine Lösung zu finden. Die Ratsmitglieder versammelten sich in einem großen Saal, um zu beraten, wie man der Plage Herr werden könne. Unter ihnen waren der Bürgermeister, die Handelsleute und die Stadtbauern – alle mit dem gleichen Ziel: die Ratten loszuwerden.

Eines Tages, als die Stadt sich schon beinahe aufgegeben hatte, erschien ein geheimnisvoller Fremder in Hameln. Er trug eine bunte Kleidung, die an den Glanz vergangener Jahrhunderte erinnerte, und in seiner Hand hielt er eine Flöte. Die Stadtbewohner waren skeptisch, doch der Fremde bot ihnen seine Hilfe an – gegen eine hohe Belohnung, versteht sich.

„Ich kann die Ratten vertreiben", versprach der Mann, „doch meine Gebühr wird hoch sein. Wenn ich sie alle vertreibe, erwarte ich, dass Ihr mir die vereinbarte Belohnung gebt."

Die Ratsmitglieder, die keinen anderen Ausweg mehr sahen, stimmten zu. Der Fremde begann, auf seiner Flöte zu spielen, und eine wundervolle Melodie schwebte durch die Straßen von Hameln. Die Ratten, von dem betörenden Klang der Musik verführt, folgten dem Flötenspieler in einer langen Prozession aus der Stadt hinaus. Die Stadt war frei von Ratten, und die Menschen jubelten und feierten den Retter ihrer Stadt.

Doch als der Flötenspieler seine Arbeit abgeschlossen hatte und seine Belohnung einforderte, wurden die Ratsmitglieder knausrig. Sie fanden eine Ausrede nach der anderen, um die versprochene Summe zu kürzen oder ganz zu verweigern.

Der Flötenspieler, enttäuscht und wütend, wandte sich erneut seiner Flöte zu. Diesmal spielte er eine andere Melodie, düster und traurig. Die Musik veränderte sich und die Stadtbewohner hörten die Melodie, die sie zuvor als so fröhlich empfunden hatten, nun in einem ganz anderen Licht. Die Flötenmusik führte die Kinder von Hameln, die neugierig dem geheimnisvollen Klang folgten, weit weg von der Stadt. Niemand wusste, wohin sie gegangen waren.

Als die Ratsmitglieder schließlich bereuten und die versprochene Belohnung zahlen wollten, war es zu spät. Die Kinder waren verschwunden und die Stadt war von einem tiefen, unaufhörlichen Kummer ergriffen. Die Eltern suchten verzweifelt nach ihren Kindern, doch alle Bemühungen blieben vergeblich.

Der Flötenspieler wurde nie wieder gesehen – und die Stadt Hameln erfuhr fortan, dass Treue zu Versprechen und Ehrlichkeit von unschätzbarem Wert sind.

Die Sage des Rattenfängers wurde von Generation zu Generation weitergegeben und erinnerte die Menschen daran, dass man die Vereinbarungen, die man trifft, auch halten sollte – denn sonst könnte man weit mehr verlieren als nur Geld.

***Emma Summer***

# Die Sage von der Roßtrappe

### Eine Sage aus dem Harz

Vor vielen Tausend Jahren, als die Riesen die Erde bevölkerten, hat sich folgende Geschichte im Harz zugetragen.

König Georg, der Herrscher des Riesenreiches, hatte eine wunderschöne Tochter mit Namen Brunhilde. Wenn die Sonnenstrahlen auf ihr langes, dunkelbraunes Haar trafen, leuchtete es bronzefarben. Meistens ruhte es als geflochtener Zopf auf ihrem Rücken. Mit ihren braunen Augen schaute sie jedermann so sanft an, dass ihm warm ums Herz wurde. Wenn sie mit ihrer lieblichen Stimme sang, kamen die Riesen in Scharen und lauschten. Erzählte sie den Kindern Geschichten von vergangenen Helden, spitzten sie die Ohren und staunten mit offenem Mund. Ihren Vater liebte sie aufrichtig. Und auch er liebte sein einziges Kind und konnte ihm keinen Wunsch abschlagen. Ihre Mutter war gestorben, als Brunhilde noch ein kleines Kind war. Deshalb hatte eine Kinderfrau mit Namen Klara sie aufgezogen. Hatte Klara zuerst Brunhilde erzogen, war sie mit den Jahren ihre Freundin und Vertraute geworden. Mit ihr teilte sie ihren Kummer und ihre Freude.

Mit den Jahren war aus dem Kind eine anmutige junge Frau geworden. Ihre Schönheit hatte sich weit über das Königreich herumgesprochen und so war es nicht verwunderlich, dass schon bald die ersten Prinzen bei König Georg um die Hand seiner Tochter anhielten. Doch er wollte seine Tochter noch nicht ziehen lassen und auch Brunhilde wollte ihn und ihre Heimat nicht verlassen. Sie liebte es, auf ihrem schneeweißen Ross mit Namen Luisa durch die Wälder und auf die Berge zu reiten. Ihr Lieblingsberg war der Hexentanzplatz. Stundenlang saß sie dort, blickte in die tiefe Schlucht, durch die sich das wilde Gebirgswasser zwängte. Hier dachte sie sich neue Geschichten aus und dichtete Lieder. Wenn sie mit der untergehenden Sonne heimkehrte, besuchte sie ihren Vater im Thronsaal und erzählte ihm von ihren Erlebnissen. Es sprudelte nur so aus ihr heraus. Sie lachte dann und sprach: „Lieber Vater, ich will immer bei dir bleiben."

Der König lachte und sprach: „So soll es sein."

Die Königstochter hatte zwanzig Sommer und Winter erlebt. Die Verehrer kamen, versprachen dem König große Reichtümer, wenn er ihnen Brunhilde zur Frau geben würde. Aber alle mussten unverrichteter Dinge heimkehren.

Eines Tages kam der stolze König Bodo in den Harz. Er war ein bedeutender Herrscher, hatte von der Königstochter gehört und wollte sie unter allen Umständen als seine Frau in sein Reich, das weit entfernt lag, mitnehmen. König Georg empfing ihn freundlich und gab ihm zu Ehren ein großes Fest, an dem natürlich auch Brunhilde teilnahm.

Kaum hatte Bodo die Königstochter in ihrem tiefblauen, mit goldenen Sternen bestickten Kleid erblickt, war es um ihn geschehen. Er hatte sich im ersten Augenblick unsterblich in sie verliebt. Da er ein großer und gut aussehender Herrscher war, glaubte er, dass es ihm mühelos gelingen würde, Brunhildes Hand und Herz zu gewinnen.

Zuerst speisten sie gemeinsam. Die Tafel war zum Bersten gefüllt mit gebratenem Reh, Hirsch, Bär, Hasen und Enten. Dazu floss der Wein in Strömen. Später spielten die Musiker auf und Bodo bat Brunhilde um den ersten Tanz. Hingerissen von ihrer Schönheit und Anmut, flüsterte er ihr ins Ohr: „Brunhilde, Ihr seid das schönste Weib, das ich je gesehen habe. Ich werde Euren Vater um Eure Hand bitten. Mein ganzes Reich lege ich Euch zu Füßen."

Brunhilde blieb abrupt stehen und sprach hastig: „Ihr seid zu freundlich, König Bodo. Aber ich kann nicht Eure Frau werden. Mein Platz ist hier in meines Vaters Schloss. Ich werde ihn und das Reich niemals verlassen."

Bodo griff hart nach ihrer Hand, steckte ihr einen goldenen Ring mit Saphiren und Rubinen an den Finger. „Oh doch, Ihr werdet mein Weib. Verlasst Euch darauf!"

Die Königstochter riss sich los, rannte in ihre Kammer, warf sich aufs Bett und klagte ihrer alten Kinderfrau ihr Leid.

Klara setzte sich und strich ihr sanft übers Haar. „Hab keine Angst. Der König wird das niemals zulassen."

Brunhilde riss sich den schweren Ring vom Finger, legte ihn Klara in die Hand. „Bring ihn meinem Vater. Er soll ihn Bodo zurückgeben. Und sage ihm, dass ich Bodo nie mehr sehen will. Ich komme erst wieder aus meiner Kammer, wenn er fort ist.“ Dicke Tränen liefen ihr übers Gesicht und sie wusste nicht, ob es Tränen der Wut oder der Verzweiflung waren.

Klara streichelte ihren Zögling und ging dann zum König, um ihm zu berichten, was Brunhilde ihr aufgetragen hatte.

König Georg hörte aufmerksam zu und sprach dann zu Bodo, der ihn nun auch förmlich um die Hand seiner Tochter bat. „Verzeiht, aber ich kann Euch meine Tochter nicht zum Weib geben. Ihr habt es gehört. Ich bitte Euch zu gehen und mein Reich für immer zu verlassen.“

Um Beherrschung kämpfend, presste Bodo hervor: „Ist das Euer letztes Wort?“ Als der König nickte, erhob sich Bodo und verließ fluchend den Festsaal.

Einige Tage vergingen und nachdem Bodo im Reich nicht mehr gesehen worden war, beruhigte sich auch Brunhilde. Sie ging wieder ihren alltäglichen Freuden nach und ließ sich eines Morgens ihr Pferd satteln. Die Sonne schien und verwandelte die kantigen Felsspitzen in goldene Zacken, die den Spitzen von Brunhildes Krone glichen.

Auf einem sanften Hügel angekommen, sprang sie vom Pferd und setzte sich ins Gras. Die Prinzessin nahm mit beiden Händen ihre schwere Krone vom Kopf, hielt sie in die Sonnenstrahlen und drehte sie sanft. Die Smaragde und Rubine funkelten. Sie träumte von Schätzen, als sie ein leises Knacken vernahm, wandte sich um, konnte aber nichts erkennen. Deshalb erhob sie sich, setzte sich die Krone auf den Kopf, doch da war das Geräusch schon wieder, jetzt jedoch näher. Und noch ein Knacken. Auch ihr Ross hob den Kopf und sog geräuschvoll die Luft ein.

War da nicht eben ein schwarzer Schatten im Wald erschienen? Und wieder Geräusche aus dem Unterholz. Brunhilde schwang sich auf ihr Pferd, nahm die Zügel und ließ es antraben. Wieder ein Schatten und darauf ein Wiehern. Die Prinzessin fröstelte.

Und da war er – Bodo saß auf seinem kräftigen Rappen und ritt ihr entgegen. Brunhilde riss die Zügel herum und floh auf ihrer weißen Stute.

Bodo setzte ihr nach und schrie: „Du entkommst mir nicht!"

Über Stock und Stein ging die wilde Jagd. Bodo hetzte sie und holte auf. Dabei hatte sie nicht bemerkt, wie er sie auf die Felsen getrieben hatte. Immer höher ging es, immer schmaler wurde der Weg. Was sollte sie tun? Wenn sie umkehrte, war sie ihm ausgeliefert. Noch wenige Schritte, dann ging es steil abwärts in die Schlucht, in der das Wasser gurgelte. Ein Blick zurück. Bodo war unmittelbar hinter ihr.

Ohne zu überlegen, drückte sie ihrer Stute die Hacken in die Seite und ließ sie springen. Brunhilde schloss die Augen und flog über die Schlucht. Ihr Ross setzte mit solcher Gewalt auf, dass Funken stoben und ein riesiger Hufabdruck im Felsen zurückblieb. Sie hatten es geschafft. Nur ihre schwere Krone hatte sie bei dem Sprung verloren. Tränen liefen ihr über die Wangen. Sie drehte den Kopf und sah gerade noch, wie Bodo seinem Rappen die Sporen gab.

Das schwere Tier flog. Doch es war zu kurz gesprungen, erreichte den schützenden Felsvorsprung nicht, sondern stürzte mitsamt seinem Reiter in das tosende Gebirgswasser. Pferd und Reiter schrien, bis sie das Wasser erreichten. Aus Bodos Schrei wurde ein Knurren und dann ein Heulen. Der Fluss hatte ihn verschluckt.

Vorsichtig ritt die Prinzessin den Felsen hinab, den Fluss entlang bis zu der Stelle, an der Bodo, sein Ross und Brunhildes Krone versunken waren. Sie beugte sich weit vor, konnte jedoch nichts erkennen. Nur ein leises Heulen kam aus der Tiefe.

Brunhilde kehrte heim und erzählte unter Tränen ihrem Vater von Bodos schrecklicher Jagd auf sie. Von da an warben keine Verehrer mehr um Brunhildes Hand und so blieb sie bis an ihr Lebensende bei ihrem Vater in ihrem geliebten Land.

Den Fluss nannte man von da an die Bode. An der Stelle, wo Bodo in den Fluss gestürzt war, bildete sich ein riesiger Kessel. Bodo selbst wurde in einen riesigen schwarzen Hund verwandelt, der fortan die Krone der Prinzessin bewachte. In mondhellen Nächten konnte man sein herzzerreißendes Heulen vernehmen.

Jahrtausende später, als die Menschen in den Harz zogen, erzählte man sich noch immer die Geschichte. Einige Wagemutige versuchten sogar, die Krone zu heben. Da blitzten schon die Smaragde und Rubine. Die Zuschauer am Ufer jubelten. Doch immer, wenn die Taucher glaubten, sie gehoben zu haben, entglitt sie ihren Händen und gleich darauf färbte sich das Wasser blutrot. Die Schatzjäger kamen nicht wieder zum Vorschein. Der Wachhund hatte sie bestraft.

Auch heute kann man in mondhellen Nächten Bodos schauriges Heulen hören, das einem das Blut in den Adern gefrieren lässt. Und dann erzählen sich die Einheimischen die Sage von der *Roßtrappe.*

Wer sich von der Sage inspiriert fühlt und die Orte mit eigenen Augen sehen will, der reist nach Thale in den schönen Harz. Zum Hexentanzplatz kommt man zu Fuß oder mit der Schwebebahn. Zur Roßtrappe, dem gegenüberliegenden Felsen, fährt ein Sessellift, zwischen beiden fließt der klare Gebirgsfluss, die Bode.

***Sabine Siebert,*** *Jahrgang 1963, verheiratet, lebt in Altomünster und ist Eisenbahnerin. Sie hat mehrere Kurzgeschichten in Anthologien veröffentlicht, zwei Kinderbücher und eine Novelle sind von ihr erschienen. Hobbys: Lesen, Schreiben, Spazierengehen.*

# Die Schönheit der Medusa

## Eine griechische Sage

Medusa, eine der Gorgonen, Tochter der Meeresgottheiten Keto und Phorkys, lebte am äußersten westlichen Rand der Welt. Im Gegensatz zu ihren Schwestern war Medusa sterblich, jedoch bezaubernd schön. Ihre Haare flossen wie geschmolzenes Gold über ihre Schultern und ihre Augen funkelten wie die hellsten Sterne in der Nacht. So schön war sie, dass selbst die olympischen Götter, die zu jener Zeit herrschten, Blicke auf sie lenkten. Einer jener Götter, Poseidon, verliebte sich in sie, und nicht nur das – seine Liebe verwandelte sich mit der Zeit in Besessenheit.

In einer Nacht, von seiner Begierde getrieben, verfolgte Poseidon Medusa in Gestalt eines Hengstes bis in den Tempel der Athena, wo er sich an ihr verging. Medusa war von Scham und Angst erfüllt und wandte sich flehentlich an Athena. Doch die Göttin der Strategie und des Kampfes, der Künste, des Wissens und der Weisheit, des Handwerks und der Handarbeit zürnte. Einst hatte sie im Wettstreit um die Schirmherrschaft einer Stadt Poseidon besiegt: Er schenkte der Stadt eine Quelle, die jedoch nur Salzwasser spendete, sie aber den Ölbaum und damit dessen Holz und Früchte. Daher gehörte die Stadt, fortan Athen genannt, ihr. Poseidon verschmähte sie daraufhin. Sie ging niemals eine Liebesbeziehung ein, weshalb sie auch Parthenos, die Jungfräuliche, genannt wurde.

Athena war überaus leicht zu kränken: So verwandelte sie Arachne, nur weil diese sich damit gebrüstet hatte, sie in der Webkunst zu übertreffen, kurzerhand in eine Spinne.

Als sie nun sah, dass der Meeresgott die Sterbliche Medusa ob ihrer Schönheit vorzog, nahm sie der Gorgonenschwester diese Schönheit, für die auch Athena sie zuvor bewundert hatte: Ihr goldenes Haar wurde zu einem Nest aus züngelnden, giftigen Schlangen. Ihre Augen, die wie Sterne leuchteten, wurden zu toten, kalten Spiegeln des Schreckens. Ihre Schneewittchenhaut verwandelte sich in einen Schuppenpanzer mit bronzenen Armen. Ihr Gesicht, die Verkörperung der Anmut, verzerrte sich zu einer Fratze mit schrecklichen Hauern und heraushängender Zunge, die so grauenhaft aussah, dass selbst sie sich vor ihrem eigenen Spiegelbild fürchtete. Jeder, der es wagte, Medusa anzublicken, sollte augenblicklich zu Stein erstarren.

Doch diese äußere Verwandlung war nur ein Schatten dessen, was in ihrem Inneren geschah. Die Verwandlung in ein Ungeheuer spiegelte den Schmerz, die Furcht und die Verzweiflung wider, die sie erlitten hatte. Aus der schönen, lebensfrohen Gorgonenschwester war ein Wesen geworden, das von Hass und Rachsucht zerfressen war. Medusas Herz, warm und voller Liebe, wurde kalt wie Stein, so wie die Herzen derer, die ihrem Anblick zum Opfer fielen.

Medusa lebte von diesem Tag an in einer Höhle, fernab von den Menschen, nur mit ihren Schwestern, verbannt von der Welt, die sie einst bewundert hatte. Jeder Schritt, den sie machte, wurde begleitet von den zischenden Stimmen ihrer Schlangen. Jeder Tag war eine Erinnerung an die Schönheit, die sie verloren hatte, und an das Leben, das ihr genommen worden war. Athena hatte sie nicht nur äußerlich entstellt – ihr Inneres war ebenso verzerrt von der Last ihres Fluchs und so wurde sie zu einem Symbol der Angst und des Grauens in der Welt. Helden fürchteten sich vor ihr, die Menschen erzählten sich Geschichten von ihrem schrecklichen Anblick, der alles Leben in Stein verwandelte. Doch diese Geschichten übersahen oft den wahren Schrecken, den Medusa in sich trug – die Einsamkeit, die Verzweiflung und den unaussprechlichen Schmerz, für ein Verbrechen bestraft zu werden, das sie nicht begangen hatte.

Erst der Held Perseus wagte es, sich ihr zu nähern. In den Flügelschuhen, die er von Hermes erhalten hatte, eilte er über den Himmel an das Ende der Welt. Verborgen unter einer Tarnkappe der Nymphen pirschte er sich der schlafenden Gorgonen heran. Athena, in der Hoffnung, Medusa so endgültig beseitigen zu können, hatte ihm einen verspiegelten Schild geliehen, sodass er sich der Gorgo, ohne ihr ins Angesicht blicken und deshalb zu Stein erstarren zu müssen, nähern konnte. Mit einem gezielten Hieb schlug er Medusa das Haupt ab und steckte es in einen Beutel.

In dem Augenblick, als ihr Kopf fiel und die Schlangen erschlafften und verstummten, fand Medusa endlich den Frieden, den ihr das

Leben verwehrt hatte. Ihr äußeres Entsetzen war verschwunden und mit ihm auch das innere Leid, das sie so lange ertragen musste. Ihrem Hals aber entsprangen ihre und Poseidons Zwillingssöhne, das erste geflügelte Pferd namens Pegasos und der Krieger Chrysaor, bereits das Schwert in Händen haltend.

Das Medusenhaupt im Beutel flog Perseus, dem Gezeter der Schwestern entkommend, übers Meer davon und setzte es als Kryptonit gegen seine Feinde ein. Den Onkel und Verlobten Andromedas, der sie nicht in Perseus' Händen als Gemahlin lassen wollte, tötete er damit im Zweikampf, ebenso all dessen Männer. Den Titanen Atlas, der das Himmelsgewölbe auf seinen Schultern trug, versteinerte er, als dieser ihm die Gastfreundschaft verwehrte, in ein Gebirge, das sich seither im Nordwesten Afrikas erstreckt. Als übel gesinnte Krieger auf ihn zustürzten, brauchte Perseus ihnen nur das Haupt der Medusa zu zeigen, und sie erstarrten allesamt zu Stein.

Dann aber heftete sich Pallas Athene das Gorgonenhaupt als besonderen Schutz auf ihren Schild.

Perseus und Athene sind längst nicht mehr, doch noch heute können wir in den Museen die zu Marmor erstarrten Opfer des Medusenhaupts betrachten.

***Zero Alala,** einst wohl geboren auf einem fernen Planeten, gestrandet auf der Erde, lebt heute mit sechs süßen Ratten im Ruhrgebiet.*

# Von dem grausamen Landrichter

**Eine Sage aus Mitterfels**

In früherer Zeit, als Gesetzesbrecher noch viel härtere Strafen zu befürchten hatten, gab es auch in Mitterfels ein Landgericht. Da damals sogar Räuber und Diebe nicht selten zum Tode verurteilt wurden, standen an den Ortsenden eine Richtstätte und ein Galgen. Im Turmverlies der Burg wurde durch peinsamste Marter gewiss auch so manchem Unschuldigen ein Geständnis abgerungen.

Gerade der Landrichter zu Mitterfels war wegen seiner unmenschlichen Grausamkeit in der Gegend berüchtigt und gefürchtet. Es hieß, dass die Leute schon vor dem Schatten seiner Hutfeder zitterten. Denn wohl allzu rasch ließ er bei der Vernehmung eines Verbrechens Verdächtiger unbeschreibliche Folterungen anwenden.

Solch ein grausames Schicksal widerfuhr auch einer jungen Magd aus Elisabethszell. Ihr war ihr Kind gleich nach der Geburt gestorben. Sie begrub es nachts auf dem Friedhof, wurde dabei gesehen und des Mordes bezichtigt.

Im Turmverlies peinigte man sie so lange, bis die Unschuldige in höchster leiblicher Not alles zugab, was man von ihr hören wollte. Sie wurde zum Tode verurteilt und starb schließlich unter dem Schwert des Henkers. Ihren Leichnam verscharrte man einfach nahe der Richtstätte.

Einige Jahre waren ins Land gezogen, als sich Folgendes zutrug: Jener grausame Landrichter, der immer noch sein hohes Amt mit Gnadenlosigkeit und arger Willkür ausübte, ritt gerade an der Stelle des Blutgerichts vorbei.

Plötzlich rollte ihm, wie von Geisterhand bewegt, ein Totenschädel über den Weg. Sein Pferd scheute und stürzte mitsamt dem Reiter einen Abhang hinab.

Nun, im Angesicht des nahen Todes, gestand und bedauerte der schrecklich zerschundene Mann all das begangene Unrecht. In der Hoffnung, dass seiner Seele vergeben würde, schied der grausame Herr aus dem Leben.

***Wolfgang Rödig*** *lebt in Mitterfels. Er hat bislang mehr als 900 belletristische Kurztexte in Anthologien, Literaturzeitschriften, Tageszeitungen, Magazinen und Kalendern sowie den Gedichtband „Punkt – Nach Komma, Strich und Faden" veröffentlicht.*

# Bischof Benno und der Kirchenschlüssel

## Eine Sage aus Meißen

Fährt man durch das Meißner Elbtal, begegnen einem vielfältige Bilder, auf denen ein Fisch und ein Schlüssel gekreuzt zu sehen sind. Eine alte Sage aus längst vergangener Zeit erzählt davon:

Einst stritten sich die Kaiser und Päpste darüber, wer denn mächtiger sei. Im Jahre 1075 führte das zum Investiturstreit. Kaiser Heinrich IV. und Papst Gregor VII. hatten eine Auseinandersetzung, die viele andere Menschen mit einbezog.

Bischof Benno von Meißen sympathisierte mit dem Papst. Das ärgerte den Kaiser sehr. Er war empört: „Da widersetzt sich mir, der weltlichen Macht, dieser kleine unbedeutende Bischof! Na warte, dir werd' ich's lehren!" Der Kaiser ließ Benno ins Gefängnis werfen und wollte bedeutungsvoll im Dom einmarschieren, um seine Macht und Würde zu demonstrieren.

Doch Benno hatte sich rechtzeitig zwei Chorherren zur Seite genommen: „Hier, nehmt den Schlüssel des Domes an euch. Das Haus Gottes ist somit fest verschlossen und lässt keinen Fremden ein!"

Die verwirrten Männer fragten, was sie tun sollten.

„Übergebt den Schlüssel der Elbe! Lieber soll keiner den Dom je wieder betreten als der falsche Mann."

So geschah es auch.

Benno konnte das Gefängnis verlassen, begab sich jedoch auf eine lange Pilgerreise nach Rom. Niemand konnte die Meißner Kirche mehr betreten. Nur die Tauben saßen gurrend auf dem Dach und blickten auf das liebliche Elbtal, bevor sie sich mit kräftigen Flügelschlägen wieder in die Lüfte erhoben.

„Was soll nur werden?", fragten sich die Domherren.

„Wo sollen wir singen?", fragte sich der Chor.

„Wer soll uns leiten?", fragten sich die Mütter, die Kinder, die

Amme, der Knecht, der Gerber, die Magd, der Zunftmeister und all die Gesellen, Lehrlinge, also das ganze Volk.

Nun geschah es, dass Bischof Benno nach dem Konzil in Rom seine lange Heimreise antrat. Die Füße waren müde. Und nicht nur diese. Er sehnte sich danach, wieder nach Meißen zu kommen, wo er sich heimisch fühlte, obwohl man ihm so übel mitgespielt hatte.

„Der Weg ist noch weit, aber der Gedanke an ein Glas vom frischen Meißner Wein lässt mich vorwärtsgehen“, sprach Benno zu sich selbst und spürte auf seiner Zunge ein feines Kribbeln. Er leckte sich mit der Zunge über die Lippen und die müden Füße trugen ihn immer weiter. Mal war es der Gedanke an herbes, kräftiges Meißner Bier, mal der an einen kräftigen Eintopf, der ihn vorwärtstrieb.

Staub bedeckte seine geplagten Füße. Sie waren mit Blasen übersät. Nun war es schon immer so, dass man die Meißner Kirchtürme aus allen vier Himmelsrichtungen erblickte, wenn man sich auf das Meißner Elbtal zubewegte. So schlug auch Bennos Herz höher, als er die Kirche auf dem Burgberg sah.

„Aber wie werden mich die Menschen ansehen, wenn ich wieder da bin? Werden sie mich überhaupt erkennen?“, fragte sich Benno und kehrte grübelnd in die erste Schenke an der Elbe ein. Matt schob er seine Füße unter den Tisch. Hungrig gab er seine Bestellung auf und lechzte nach dem Meißner Wein, mit dem er endlich seine Kehle spülte.

Die Wirtin fragte: „Ihr seid hungrig? Wie wäre es mit einem Zander, ganz frisch heute gefangen und für euch zubereitet?“

Oh, wie sehnte sich Benno nach derartigen Köstlichkeiten. Lange hatte er sich nur von trockenem Brot ernährt. Er konnte es kaum erwarten, den leckeren Fisch zu verspeisen. Da lag er nun vor ihm auf einem Teller, es roch nach Kräutern und Butter. Dieser genüssliche Duft war fast unerträglich, sodass er eilig danach griff, um zu speisen.

„Ha, was ist das?“, rief Benno laut, denn etwas Hartes kam im Inneren des Fisches zum Vorschein. „Ein Stück Metall?“, sprach er zu sich und legte vorsichtig das weiße Fleisch des Fisches zur Seite.

Die Wirtin eilte auf ihn zu. Ihr war es unangenehm und sie wollte nach dem Teller greifen, um ihm ein neues Essen zu servieren.

„So wartet doch! Es ist ein Schlüssel!“, stellte Benno fest.

Beide riefen gleichzeitig aus: „Herrje, ein Schlüssel? Der Kirchenschlüssel?“

Sie fassten sich vor unfassbarer Freude irritiert mit der Hand vor den geöffneten Mund. Benno wollte dieses Wunder gar nicht wahrhaben, doch tatsächlich lag vor ihm der Schlüssel des Meißner Domes.

Diese unerhörte Neuigkeit machte sich wie ein Lauffeuer breit. Alle sprachen: „Habt ihr schon gehört? Der Kirchenschlüssel ist wieder da!"

Am nächsten Sonntag eilte das Volk herbei. Von überall her kamen sie: aus der Stadt, aus den umliegenden Dörfern und aus den Wäldern. Ein Wunder war geschehen. Alle wollten es sehen, alle wollten dabei sein, wenn Benno den Bart des Schlüssels in das Schloss steckte. Würde er die Kirche Dom tatsächlich öffnen?

Die Menschenmassen auf dem Burgberg strahlten glücklich, als plötzlich die große, schwere Pforte den Weg in das Gotteshaus freigab. Ein Jubel brach aus. Die Menschen strahlten und lagen sich glücklich in den Armen.

***Michaela Kläber**, geboren 1969, lebt in Meißen. Sie ist verheiratet und Mutter von zwei Töchtern. Beruflich ist sie als Lehrerin für Deutsch und Geschichte tätig. Neben ihrer Arbeit beschäftigt sie sich intensiv mit der Erforschung und Weitergabe regionaler Geschichten und Sagen, insbesondere aus ihrer Heimatstadt und dem Meißner Elbtal.*

# Die Wundereiche im Barther Stadtforst

**Eine Sage aus Mecklenburg-Vorpommern**

Der alte Mann saß abseits auf einem Stein. Seine Kleidung, von einer Farbe zwischen Grau und Braun, war abgetragen und zerschlissen. In seinen abgemagerten Händen hielt er einen krummen Stock, zu seinen Füßen lag ein Hund mit hellbraunem Fell und schien zu schlafen. Der Alte beobachtete die Menschenansammlung, die sich unter der Wundereiche versammelt hatte – die alte, knorrige Eiche mit dem Ast, der sich mit dem Stamm wiedervereint hatte. Diese Öffnung sollte für die Davorstehenden mit ihren großen und kleinen Leiden die Erlösung bringen. Man musste durch dieses Loch kriechen, danach war aller Schmerz vergessen.

Zur Sicherheit hatten die Ratsherren der Stadt zwei Gendarmen abgestellt, um für Ordnung an der Wundereiche zu sorgen. Es wäre nicht das erste Mal, dass aus einer kleinen Streitigkeit eine Massenschlägerei würde. Jeder wollte Heilung – und jeder wollte der Erste sein. Neben den Heilsuchenden hatten sich eine Menge Gaffer aus der Stadt eingefunden. Sie standen herum, geizten nicht mit guten Ratschlägen und warteten auf ein Wunder.

Eine junge Bauersfrau, gestützt auf eine Astgabel, war die Nächste. Ihr langer Rock schleifte über den Boden und sie musste darauf achten, nicht bei jedem Schritt auf den Saum ihres Gewandes zu treten. Nur mühsam näherte sie sich dem Baum. Sie stellte die Krücke ab und versuchte, auf den Hocker zu klettern, der für alle Heilsuchenden bereitstand, um durch die Baumöffnung zu kriechen. Ihr krummer Rücken hinderte sie daran, das Bein zu heben.

„He, ihr Männer! Helft der Frau und steht nicht da und haltet Maulaffen feil!“, rief der Alte. Er selbst erhob sich nicht von seinem Stein. Zwei Männer lösten sich aus der Gruppe, fassten die Frau unter die Arme und hoben sie auf den Hocker. Dann traten sie zurück und warteten, was passieren würde.

Sie krallte die Fingernägel in die Baumrinde und Stück für Stück schob sie sich durch die Öffnung. Sie musste allein und ohne fremde Hilfe durch das Loch kriechen. Alle hielten den Atem an und warteten gespannt, ob es ihr gelingen würde. Sie stöhnte und jammerte. Als sie jedoch zur Hälfte durch war, war ein Knacken zu vernehmen. Geschwind war sie auf der anderen Seite angelangt. Sie stand aufrecht, die Menge jubelte und sie tanzte vor Freude unter der Eiche.

Der Alte winkte sie zu sich. „Du solltest dich noch einige Tage ausruhen und in Zukunft vorsichtig sein. Das Tragen der schweren Körbe und Säcke überlass deinem Mann."

Sie nickte eifrig und lief davon.

Der nächste Kandidat stand schon bereit. Ein dicker, bärtiger Kaufmann, der über Leibschmerzen klagte. Er ließ sich von seinen Dienern auf den Hocker helfen.

„Du passt da nicht durch", ertönte ein Ruf aus der Menge und erntete Gelächter.

„Bleib nicht stecken", flehte ein Mann, der ein Bein nachzog und nach dem Kaufmann an der Reihe war. „Ich warte schon so lange auf Heilung."

Der dicke Kaufmann ruckelte und zerrte, um durch die Öffnung zu gelangen. Ein Pfeifen und Zischen entfuhr seinem Körper, gefolgt von einem lauten Furz. Die helle Leinenhose färbte sich braun. Die Menge stöhnte und wich zurück. Die vorn Stehenden wedelten sich Luft zu, eine Frau musste sich übergeben. Der Alte auf dem Stein schlug sich auf die Schenkel vor Lachen und die Umstehenden fielen in das Gelächter mit ein. Der Kaufmann hatte es eilig fortzukommen.

„Nicht nur Fressen und Saufen, guter Mann. Versuch es mal mit Arbeit!", rief der Alte ihm nach.

Nicht alle schafften es durch die Öffnung der Wundereiche und zogen enttäuscht wieder ab.

Am späten Nachmittag hatten sich die Reihen gelichtet. Ein Schäfer stand mit seinem Hund abseits und wartete. Endlich war auch der Letzte gegangen. Der Alte schickte sich ebenfalls an, seinen Platz zu verlassen. Da trug der Schäfer seinen kranken Hund zum Baum und schob ihn durch das Loch.

„Nein!", schrie der Alte.

Es war zu spät. Der Hund sprang auf der anderen Seite des Baumes, drehte sich einige Male um seine eigene Achse und lief bellend einem Schmetterling nach. Der Schäfer folgte ihm freudig, doch die Wunderkraft des Baumes war für immer versiegt.

***Janny Prillwitz,*** *Jahrgang 1963, geboren und aufgewachsen in Barth, lebt mit ihrem Mann seit dreißig Jahren nördlich von Hannover. Von ihr sind bereits mehrere Kurzgeschichten in Anthologien veröffentlicht.*

# Die Bäume am Weg nach Jerusalem

## Eine Sage aus Jerusalem

Seltsames tut sich bei den Bäumen in den Hainen entlang des Weges von der Mittelmeerküste nach Jerusalem. Man erzählt, dass die Bäume untereinander in einem regelrechten Wettbewerb stehen würden, wer der höchste sei. Sobald ein Baum in die Höhe wächst und die um ihn stehenden überragt, schießen diese mit aller Kraft auf, bis ihre Wipfel und Kronen über denen des Emporkömmlings stehen. Erst dachte man, das liege in der Natur der Dinge: Jeder wolle in den Genuss von möglichst viel Sonnenstrahlen kommen, um sich an diesen zu wärmen.

Etwas außerhalb steht ein alter Feigenbaum. Seit Menschengedenken steht er dort. Er trägt den Namen *Baum der Eintracht.* Seine Schatten fallen auf einen Felsen, in den drei Sitze eingemeißelt sind. Zu diesem Baum und den drei Sitzen gibt es eine Legende von einem Mann namens Muzadik. Diese wirft ein ganz anderes Licht auf das eingangs geschilderte Verhalten der Bäume. Die Legende lautet folgendermaßen:

Ein Derwisch – ein islamischer Mystiker – pilgerte einst in die heilige Stadt Jerusalem. Müde von der strapaziösen Reise stieg er zum Ausruhen im Schatten des Feigenbaumes von seinem Kamel. Um es bequem zu haben, meißelte er einen Sitz in den Felsen. Nicht viel später kam ein christlicher Ritter auf seinem Pferd des Weges und tat es dem Derwisch gleich. Bald gesellte sich als Dritter ein Jude, der ebenfalls nach Jerusalem wallfahrtete, mit seinem Esel zu ihnen.

Bald war das unterschiedliche Trio in ein tiefes Gespräch über ihre Religionen vertieft. Welche wohl die richtigste, die wichtigste sei? Der Derwisch sprach über die Wichtigkeit der Einheit Gottes. Für ihn sei Gott das Allumfassendste, das jenseits von Namen und Formen existiert.

Der christliche Ritter betonte die Liebe und das Opfer, das Gott in die Welt gebracht habe. Wahre Gerechtigkeit und Friede könne nur durch Barmherzigkeit und Vergebung erreicht werden.

Der jüdische Pilger lobte die Weisheit, die Gerechtigkeit und die Gesetze Gottes. Nur durch das Halten dieser Gebote sei es möglich, mit Gott ein Leben in Harmonie zu führen.

Sie debattierten und diskutierten bis tief in die Nacht, ohne nur annähernd eine Antwort auf ihre Frage zu finden. So verrichtete jeder noch sein Gebet und bald schliefen sie ein.

Im Schlaf hatten die drei den gleichen Traum. Ein Löwe, ein Bär und ein Tiger stritten sich, welcher von ihnen das wertvollste Fell besitze. Und klar, alle drei stolz auf ihre Pelze, hielten den ihren für den schönsten und wertvollsten. Eine Einigung war ausgeschlossen. So beschlossen sie, einen Kürschner zu fragen. Wer, wenn nicht ein Fachmann, konnte ein verlässliches Urteil fällen?

Der Kürschner beschied ihnen, das könne er in keiner Weise sagen. Alle Felle hätten ihre Eigenarten und Vorzüge. Dazu sei zu bedenken, dass es letztlich der Kunde sei, der den Wert eines Fells bestimme, je nach dessen Bedürfnissen, Wünschen und Vorlieben.

Nach dem Verrichten der Morgengebete schauten sich die drei an. Keiner konnte den Traum leugnen. Gut, Gott mit einem Kunden zu vergleichen, der einen Pelz kaufen wolle, das grenze an Gotteslästerung. Aber sie hatten begriffen: Um die gegenseitigen Glaubensauffassungen zu verstehen, sei ihre Diskussion sehr förderlich gewesen. Doch ein Urteil zu fällen, welcher Glaube der *bessere* sei, stehe ihnen nicht zu. Das sei einzig die Sache Gottes. Sie entschieden, den Feigenbaum *Baum der Eintracht* zu nennen und den Rest ihrer Pilgerreise gemeinsam unter die Füße zu nehmen, um abschließend zusammen in der heiligen Stadt Jerusalem zu beten.

Schnell sprach sich das Geschehen unter dem Feigenbaum bei den Bäumen herum. Und diese staunten. Ein jüdischer, ein christlicher und ein muslimischer Pilger wollen gemeinsam in der heiligen Stadt Jerusalem beten. Dieses Ereignis wollten sie sich keinesfalls entgehen lassen. Und deshalb recken sie ihre Häupter ständig in die Höhe, stellen sich, festgewachsen im Boden, sozusagen auf die Spitzen ihrer Wurzeln, um diesem Ereignis wenigstens aus der Ferne zuschauen zu können.

Bis jetzt ohne Erfolg. Was mag wohl vorgefallen sein?

Die Bäume sind aber immer noch voller Hoffnung. Und so bemühen sie sich weiterhin, einander im Wachstum zu überbieten, um zu gegebener Zeit ja nichts zu verpassen. Vielleicht würden es ja die Nachfahren der drei Pilger schaffen, friedlich gemeinsam in Jerusalem zu beten.

***Hans Peter Flückiger,*** *geboren 1952, lebt in Solothurn/Schweiz. www.geschichten-gegen-langeweile.com.*

# Die Sage von Mwindo

**Eine Sage aus dem Kongo**

In den weiten Tälern und undurchdringlichen Wäldern, die sich wie ein Schleier entlang der Ufer des Kivusees in Ostafrika erstrecken, lag das Königreich der Nyanga. Diese Gemeinschaft von Menschen, deren Wurzeln tief in den Traditionen und Geheimnissen der Bantu-Ethnie verankert waren, erblühte in einer Welt voller Wunder und Mysterien.

Die Nyanga waren mit der Natur und den Göttern verbunden. Sie glaubten, dass die Welt um sie herum von mächtigen Kräften durchdrungen war. Ihre Geschichten erzählten von den Abenteuern der Helden, die diese Kräfte verehrten und respektierten. Diese Geschichten wurden von Generation zu Generation mündlich weitergegeben und waren wie ein kostbares Erbe, das von den Älteren an die Jüngeren weitergereicht wurde.

In dieser faszinierenden Welt der Nyanga begann die Geschichte von Mwindo, einem jungen Helden, dessen Abenteuer und Entdeckungen in den geheimnisvollen Wäldern und reißenden Flüssen das Herz der Kultur der Nyanga widerspiegelten. Tauche ein in die spannende Sage von Mwindo, in der Wunder und Geheimnisse auf Schritt und Tritt lauerten und die Verbindung zwischen Menschen und Natur eine zentrale Rolle spielte.

Mwindos Geburt

In einer zauberhaften Welt, in der die alten Geschichten in den Liedern der Ältesten zum Leben erwachten, wurde Mwindo geboren. Er sollte zu einer der bemerkenswertesten Persönlichkeiten in der Geschichte der Nyanga werden. Schon von seiner Geburt an war klar, dass Mwindo anders war als die anderen Kinder des Königreichs. Seine außergewöhnliche Bestimmung spiegelte sich in einem einzigartigen Ereignis wider.

Während Mwindos Mutter mit ihm schwanger war, wurden ihre Nächte von Träumen erfüllt, die so außergewöhnlich und geheimnisvoll waren wie der funkelnde Nachthimmel über den Wäldern. Diese Träume waren wie geheime Botschaften aus einer anderen Welt und schienen eine besondere Bedeutung zu haben. Schon in dieser frühen Phase seines Lebens deuteten sie auf die Einzigartigkeit dieses ungeborenen Sohnes hin.

In einem ihrer Träume fand sich Mwindos Mutter in einer atemberaubenden Landschaft wieder. Die Sonne strahlte am tiefblauen Himmel und sanfte Windböen trugen den süßen Duft der blühenden Blumen herbei. Doch das Beeindruckendste in diesem Traum war ein gewaltiger Adler, der in der Ferne über den Wolken kreiste. Dieser Adler, in seinem glänzenden Gefieder, war so groß wie die mächtigsten Bäume des Waldes und hatte Flügel, die schier endlos schienen. Als er sich majestätisch in den Himmel erhob, berührten seine Flügel die Sonne selbst und die Strahlen umhüllten ihn in einem hellen Licht, das wie flüssiges Gold schimmerte.

Der Adler repräsentierte nicht nur Stärke, sondern auch die Freiheit, die in den weiten Lüften lag, und die Erhabenheit der Natur. Als Mwindos Mutter diesen eindrucksvollen Vogel in ihrem Traum sah, wusste sie, dass es eine Botschaft der Götter war, die ihr klarmachten, dass ihr ungeborener Sohn von einer außergewöhnlichen Macht und einem besonderen Schicksal begleitet sein würde. Dieser Traum war ein Versprechen von etwas Großem und Aufregendem, das die Zukunft für Mwindo bereithielt.

In einem anderen Traum fand sich Mwindos Mutter in einer weiten Savanne wieder. Die Sonne tauchte die Landschaft in ein warmes, goldenes Licht, und das Gras wogte sanft im Wind. Doch das Erstaunlichste in diesem Traum war ein mächtiger Löwe, dessen Fell in einem schimmernden Gold erstrahlte. Der Löwe stand stolz und majestätisch da und sein Brüllen schien die Erde selbst zu erzittern. Seine Präsenz strahlte eine unglaubliche Kraft und Autorität aus. Dieser Traum war wie ein himmlisches Gemälde, das die Bedeutung von königlicher Abstammung und Einfluss in lebhaften Farben darstellte. Als Mwindos Mutter diesen prächtigen Löwen in ihrem Traum sah, verstand sie, dass dies eine weitere wichtige Botschaft der Götter war. Der Löwe symbolisierte Mut und Königtum und wies darauf hin, dass ihr Sohn eine bedeutende Rolle in seiner

Gemeinschaft spielen würde. Vielleicht, so dachte sie, war er sogar dazu bestimmt, eines Tages als König über sein Volk zu herrschen. Dieser Traum eröffnete die Möglichkeit für eine große Zukunft und eine wichtige Bestimmung für Mwindo.

In einem weiteren Traum stand Mwindos Mutter vor einem gewaltigen Baum. Die Wurzeln dieses Baumes reichten tief in die Erde und schienen das Herz der Welt zu berühren, während seine Äste den Himmel selbst umarmten. Dieser majestätische Baum verkörperte eine Verbindung zwischen Himmel und Erde, zwischen den Göttern und den Menschen. Der Baum war so groß und mächtig, dass er den Wald um sich herum wie ein König überragte. Seine Blätter rauschten sanft im Wind und sein Anblick strahlte eine tiefe Ruhe und Weisheit aus. Für Mwindos Mutter war klar, dass dieser Baum eine besondere Bedeutung hatte. Er symbolisierte die einzigartige Verbindung zwischen Himmel und Erde, zwischen den Göttern und den Menschen. Es war, als ob die Natur selbst ihre Schwangerschaft segnete und ihr Kind als Bindeglied zwischen den Welten vorgesehen war. Dieser Traum bestätigte, dass ihr Sohn für etwas Größeres bestimmt war und eine wichtige Rolle als Vermittler zwischen den übernatürlichen Kräften und den Menschen spielen würde.

Als die Zeit für Mwindos Geburt gekommen war, geschah etwas, das als wunderbares und unerklärliches Ereignis in die Annalen der Nyanga-Kultur eingehen sollte. Die Sage berichtet, dass Mwindo nicht auf die herkömmliche Weise zur Welt kam, sondern dass er scheinbar aus der Seite seiner Mutter austrat. Es war ein Augenblick, der die Wunder und Geheimnisse der Nyanga-Kultur widerspiegelte und den Beginn von Mwindos außergewöhnlicher Reise markierte.

### Mwindos Jugend

Bereits in seinen frühen Jahren wurde die außergewöhnliche Natur von Mwindo immer offensichtlicher. Er schien geradezu emporzuschießen, während er in den Wäldern und Feldern der Region herumtobte. Seine Fähigkeit, in so kurzer Zeit zu einem stattlichen jungen Mann heranzuwachsen, war eine unaufhörliche Quelle der Bewunderung und des Erstaunens.

Doch es waren nicht nur Mwindos körperliche Attribute, die ihn von anderen Kindern abhoben. Seine eindrucksvollen Fähigkeiten waren ebenso auffallend und faszinierend. Mit einer Leichtigkeit, die schwer zu begreifen war, konnte er Aufgaben erledigen, die für andere unvorstellbar waren. Ein Fingerdruck – und Mwindo schien buchstäblich Berge zu versetzen. Er fand Freude daran, die Natur in all ihrer Pracht und Herrlichkeit zu bändigen. Ob es darum ging, mächtige Baumstämme zu heben, blitzschnell durch den dichten Wald zu laufen oder in den reißenden Flüssen zu schwimmen, Mwindo war ein Wunderkind in seiner Gemeinschaft. Seine Fähigkeiten gingen über das Gewöhnliche hinaus und die Menschen konnten nicht umhin, in seiner Gegenwart ergriffen zu sein.

Die Art und Weise, wie Mwindo die Natur beherrschte, zeigte seine tiefe Verbindung zu den übernatürlichen Kräften und zu den Geheimnissen seiner Kultur. Er konnte die Welt um sich herum buchstäblich in Einklang bringen und ihre Schönheit und Macht erleben. Diese erstaunlichen Fähigkeiten machten ihn zu einer noch größeren Legende und zu einem Vorbild für diejenigen, die sein Dorf und seine Kultur bewunderten.

Pflanzen schienen sich seinen Berührungen zu beugen und sie blühten auf, als würden sie seine Lebensenergie spüren. Die Bäume neigten sich zu ihm, als würden sie ihn respektvoll begrüßen. Es war, als ob die Flora seine Energie und seine tiefe Verbundenheit zur Natur erkannte und mit lebendiger Antwort erwiderte.

Tiere verhielten sich gleichermaßen außergewöhnlich in Mwindos Gegenwart. Vögel, die normalerweise in die Lüfte aufstiegen und davonflogen, wenn ein Mensch sich näherte, verweilten in seiner Nähe und zwitscherten fröhlich. Wilde Tiere, die üblicherweise scheu und vorsichtig waren, wagten sich neugierig näher, als ob sie instinktiv spürten, dass von ihm keine Bedrohung ausging. Mwindo schien die Sprache der Tiere zu verstehen und mit ihnen in einen harmonischen Dialog zu treten.

Mwindo ging respektvoll und achtsam mit den Pflanzen und Tieren um. Er verstand, dass sie mehr als bloße Geschöpfe waren, dass sie einen Platz in der Welt hatten und eine wichtige Rolle in der Balance der Natur spielten. Diese Achtung vor der Umwelt zeigte Mwindos tiefe spirituelle Verbundenheit und seine Erkenntnis, dass die Natur und die göttlichen Kräfte, die sie regierten, untrennbar miteinander verbunden waren.

Mwindo besaß die bemerkenswerte Fähigkeit, mit den übernatürlichen Wesen in der unsichtbaren Welt zu kommunizieren, als ob sie alte Freunde wären. Seine Gabe der spirituellen Kommunikation erstreckte sich über die Schwelle zwischen der sichtbaren menschlichen Welt und der unsichtbaren Welt der Götter und Geister. Für Mwindo waren diese übernatürlichen Wesen keine rätselhaften oder furchterregenden Erscheinungen, sondern vertraute und wohlwollende Kräfte, die sein Leben und seine Bestimmung leiteten.

Wenn Mwindo mit den Göttern sprach, erhielt er in einem heiligen Gespräch vertrauliche Informationen und göttliche Weisheit. Er konnte die Götter um Rat und Führung bitten und erhielt Antworten in Form von Zeichen und Visionen. Diese Beziehung zu den übernatürlichen Wesen war ein wichtiger Bestandteil seiner Rolle als Medium und Beschützer der Nyanga-Gemeinschaft.

Mwindos Vater, der gerechte König der Nyanga, erkannte von Anfang an das außergewöhnliche Potenzial seines Sohnes. In den Augen des Königs leuchtete die Vorahnung eines zukünftigen Herrschers, der die Geschicke seines Volkes mit Weisheit und Macht lenken würde. Mwindo war für ihn ein Quell des Stolzes und er fühlte tiefe Liebe und Sorge für seinen einzigartigen Sohn.

Doch inmitten dieser Liebe und Anerkennung lauerte eine dunkle Wolke. Mwindos Onkel Shemwindo, der Bruder des Königs, war eifersüchtig auf die außergewöhnlichen Fähigkeiten seines Neffen. Shemwindo konnte nicht ertragen, dass Mwindo mehr Aufmerksamkeit und Anerkennung erhielt als er selbst.

Er beschloss, einen finsteren Plan in die Tat umzusetzen. Er wusste, dass er Mwindo nur dann beseitigen konnte, wenn er die Ältesten und den König zu einer großen Versammlung in seinem eigenen Haus zusammenbrachte. In der Welt der Nyanga symbolisierte solch eine Einladung Vertrauen und Einigkeit. Niemand hätte erwartet, dass in den heiligen Hallen des Hauses des Onkels eine Bedrohung lauerte.

Mwindo wurde von Shemwindo zu dieser Versammlung eingeladen und er betrat das Haus in gutem Glauben. Er war sich nicht bewusst, dass er in einen bösen Zauber geraten war. Die Säulen des Hauses, die das Dach stützten, waren mit dunkler Magie belegt worden. Als Mwindo sich mitten in der Versammlung befand, begannen diese Säulen, sich auf ihn zu senken. Es schien, als ob das Schicksal des außergewöhnlichen Jungen besiegelt wäre und die Götter ihm keine Hilfe gewährten.

Doch Mwindo war nicht so leicht zu besiegen. Mit einem einzigen Fingerdruck, der die geballte Macht seiner übernatürlichen Kräfte widerspiegelte, stieß er die Säulen in die Erde. Das Haus, das ursprünglich dazu gedacht war, ihn zu verschlingen, brach stattdessen in sich zusammen, als ob es unter der unbesiegbaren Kraft von Mwindo selbst erzitterte.

Mwindo erkannte, dass sein Leben in der Welt der Nyanga nicht mehr sicher war. Er konnte nicht länger unter den Menschen leben, die ihm nach dem Leben trachteten. So begann eine erstaunliche Reise, die Mwindo in unbekannte und gefährliche Gefilde führte.

Mwindos Reise

Auf seiner Reise traf Mwindo auf zahlreiche Abenteuer und mächtige Feinde. Die Welt außerhalb seines vertrauten Heimatlandes war gefüllt mit Herausforderungen, die er niemals zuvor gesehen hatte. Doch Mwindo war nicht allein – die Götter und seine eigenen außergewöhnlichen Fähigkeiten begleiteten ihn auf diesem gefährlichen Pfad.

An einem strahlenden Tag in den unberührten Wäldern von Mwindos Heimat kam es zu einem gefährlichen Aufeinandertreffen. Ein wildes Tier von beeindruckender Größe durchstreifte die Wälder und brachte Unruhe in die Nyanga-Gemeinschaft. Sein Fell schimmerte in den Farben der Natur, von tiefem Grün bis zu erdigem Braun, und war von leuchtenden Mustern durchzogen, die an die Blätter und Bäume des Waldes erinnerten. Dieses mächtige Geschöpf war jedoch nicht einfach ein gewöhnlicher Jäger. Es schien von einer düsteren Macht getrieben zu sein und bedrohte die Menschen in ihrem eigenen Lebensraum.

Als die Nachricht von diesem wilden Tier die Ohren der Gemeinschaft erreichte, wussten sie, dass sie einen mutigen Helden brauchten, um sie zu beschützen. Mwindo erklärte sich bereit, dieser Bedrohung entgegenzutreten, und machte sich auf den Weg, um das wilde Tier herauszufordern. Die Luft war gespannt vor Aufregung und Nervosität, als er sich dem majestätischen Geschöpf näherte. Die Augen des Tieres blickten tief in Mwindos Seele und er spürte die immense Kraft, die von diesem Wesen ausging.

In verschiedenen Varianten der Sage von Mwindo können dem wilden Tier unterschiedliche Namen zugeschrieben werden. Einige

Versionen der Geschichte geben dem Tier spezifische Namen wie Kibangalahi oder Bwerani, während andere Versionen es als eine Art symbolisches Wesen darstellen, das nicht notwendigerweise mit einem menschlichen Namen verbunden ist. Da es viele mündliche Überlieferungen und schriftliche Versionen der Sage gibt, variieren diese Details in verschiedenen Quellen. Die Namen dienen oft dazu, die Einzigartigkeit und Bedeutung des Tieres in der Geschichte hervorzuheben.

Mwindo legte seine Hand auf das Tier und es konnte dieser überwältigenden Kraft nicht widerstehen. Unter dem Druck von Mwindos Finger wurde es besiegt und unterwarf sich seiner überlegenen Präsenz. In diesem entscheidenden Moment verwandelte sich die Bedrohung in Ehrfurcht vor Mwindos außergewöhnlichen Fähigkeiten.

In einem weiteren Test der Stärke und List stand er einem mächtigen Feind gegenüber, der versuchte, ihm Schaden zuzufügen. Die äußere Erscheinung dieses Feindes variiert in den verschiedenen Versionen der Sage. Er wird jedoch oft als ein großer, kräftiger Mann beschrieben, mit wilden und herausfordernden Augen, die bedrohlich wirkten.

In einer besonders ausführlichen Version der Sage tritt Mwindo gegen seinen mächtigen Feind an, der als Nyanga bezeichnet wird. Dieses riesige und muskulöse Wesen war ein gefürchteter Kämpfer und ein Meister der List. Er griff mit erstaunlicher Kraft und Schnelligkeit an und versuchte, Mwindo in die Enge zu treiben.

Mwindo, obwohl er körperlich weniger beeindruckend schien, konnte dank seiner übernatürlichen Fähigkeiten und seiner Verbindung zu den Göttern seinen Feind herausfordern. Während des Duells zeigte Mwindo seine Fähigkeit, die Naturgesetze zu beeinflussen. Er ließ Bäume wachsen und Flüsse tosen, um seinen Feind zu überraschen und zu verwirren. Seine Finger waren so mächtig, dass er den Boden aufbrechen und riesige Felsen bewegen konnte.

In einem aufregenden Höhepunkt des Duells schaffte es Mwindo, einen cleveren Plan umzusetzen, um Nyanga zu überlisten. Er wusste, dass er Nyanga in einem direkten Kampf nicht besiegen konnte, da sein Gegner sehr stark und mächtig war. Also tat Mwindo so, als würde er in eine Richtung flüchten. Nyanga, der glaubte, er könne Mwindo fangen, folgte ihm dicht auf den Fersen.

Doch Mwindo hatte eine Grube vorbereitet, die er selbst kannte, Nyanga jedoch nicht. Als Nyanga ihm folgte, stürzte er plötzlich in die verborgene Falle. Mwindo hatte ihn überlistet, und Nyanga war gefangen.

Die Reise Mwindos durch die dichten Wälder war eine aufregende und zugleich gefährliche Erfahrung. Die Wälder, die er durchquerte, waren so undurchdringlich, dass die Sonnenstrahlen kaum den Weg durch das dichte Blätterdach fanden. Ein Labyrinth aus riesigen Bäumen, Lianen und Farnen erstreckte sich in alle Richtungen.

Mwindo begab sich mutig in diese schattigen Gefilde und wurde mit einer Welt voller Geheimnisse und Wunder belohnt. Die Bäume waren so hoch, dass sie den Himmel zu berühren schienen, und ihre Stämme waren so dick, dass mehrere Menschenhände kaum genügt hätten, um sie zu umfassen.

Die Geräusche des Waldes waren allgegenwärtig. Vögel zwitscherten in den Baumkronen, exotische Insekten surrten in der Luft, und das Rascheln von Tieren verriet ihre Anwesenheit, auch wenn sie sich im dichten Unterholz verbargen. Mwindo bewegte sich mit der Anmut eines Tieres durch den Wald. Seine Verbindung zur Natur ermöglichte es ihm, sich mühelos zwischen den Bäumen hindurchzuschlängeln und Gefahren zu erspüren, noch bevor sie sichtbar wurden.

Einmal entdeckte er eine Schlange, die sich auf einem Ast sonnte, und umging sie geschickt, ohne sie zu stören. Während seiner Wanderung durch den Wald erlebte Mwindo auch magische Momente. Er stieß auf Bäume, die von Moos und Flechten bedeckt waren und ein leuchtendes, smaragdgrünes Licht ausstrahlten. Die Atmosphäre war gesättigt von einem erdigen Duft, der von den Blumen und Pflanzen ausging, die den Waldboden bedeckten.

Mwindos Reise führte ihn in Regionen Ostafrikas, wo zahlreiche reißende Flüsse die Landschaft durchzogen. Diese Flüsse wurden oft von den Bewohnern der Region als lebensspendende Adern der Erde betrachtet und waren gleichzeitig eine Quelle der Herausforderung und Gefahr für Reisende wie Mwindo.

Einmal näherte er sich einem breiten und wilden Fluss, dessen Strömung so stark war, dass er ihn nicht einfach durchschwimmen konnte. Mwindo baute ein Floß aus den Materialien, die er im Wald fand, und riskierte mutig die Überquerung. Ein weiterer Fluss, den er überqueren musste, war von gefährlichen Strudeln durchzogen. Mit der Anrufung der Flussgötter und scharfem Blick fand er einen sicheren Pfad. Mwindos Reisen durch die Flüsse und Wälder Ostafrikas waren nicht nur physische Herausforderungen, sondern auch spirituelle Prüfungen. Sie stärkten seinen Charakter und halfen ihm, seine Bestimmung als Held und Beschützer seines Volkes zu erfüllen.

Mwindos Herkunft

Während Mwindo auf seiner abenteuerlichen Reise voranschritt, enthüllte sich nach und nach das Geheimnis seiner wahren Herkunft. Es begann mit rätselhaften Visionen und Träumen, die Mwindo in den Nächten in den Wäldern und an den Flüssen heimsuchten. In diesen Träumen sah er Symbole und Zeichen, die ihm ein Geheimnis andeuteten, das mit seiner Geburt und seiner Bestimmung verbunden war. Er fand solche Spuren und Zeichen in den Wäldern, die auf eine unbekannte Geschichte hinwiesen. Diese Entdeckungen führten ihn zu einem alten Schamanen, der die Gabe hatte, in die Geheimnisse der Vergangenheit zu blicken.

Der Schamane erzählte Mwindo von einer uralten Prophezeiung, die von Generation zu Generation weitergegeben wurde. Diese Prophezeiung besagte, dass ein besonderes Kind geboren werden würde, das dazu bestimmt war, das Schicksal des Volkes zu verändern. Das Kind sollte über außergewöhnliche Kräfte verfügen und eine Reihe von Prüfungen bestehen, um seine wahre Herkunft und Bestimmung zu erkennen.

Nach weiteren Nachforschungen in den Wäldern stieß Mwindo auf die Überreste eines alten Tempels, der mit geheimnisvollen Inschriften und Symbolen verziert war. Diese Inschriften erzählten die Geschichte seiner Geburt und seiner göttlichen Abstammung. Mwindo erfuhr, dass er der Sohn einer mächtigen Göttin war, die sich in menschlicher Gestalt in die Welt begeben hatte, um sein Volk vor großen Gefahren zu bewahren.

Die Erkenntnis seiner wahren Herkunft verlieh Mwindo eine neue Stärke und Entschlossenheit. Er fühlte sich von den Göttern geführt und beschützt und war bereit, jede Herausforderung zu meistern, die sich ihm auf seiner Reise stellte. Seine Abenteuer wurden nicht mehr nur als Prüfungen angesehen, sondern als ein göttlicher Pfad, den er gehen musste, um seine Bestimmung zu erfüllen.

Die Enthüllung über Mwindos wahre Herkunft brachte nicht nur eine tiefere Bedeutung in seine Reise, sondern war auch mit einer persönlichen Geschichte verbunden. Über viele Jahre hinweg hatte sein Vater, der König der Nyanga, ein Geheimnis vor Mwindo bewahrt: die wahre Identität seiner Mutter. Als Mwindo in der Obhut seines Vaters aufwuchs, wusste er nichts von seiner göttlichen Herkunft.

Die Geschichte von Mwindos Mutter war eine tragische und zugleich eindrucksvolle Legende. Es wurde erzählt, dass sie eine der mächtigsten Göttinnen der Nyanga-Kultur war, die sich in menschlicher Gestalt in die Welt der Menschen begab, um ihr Volk vor einer drohenden Katastrophe zu bewahren. Sie opferte ihre göttliche Stellung, um in die Welt der Sterblichen einzutreten, und wurde von Mwindos Vater aufgenommen.

In den Erzählungen könnte die drohende Katastrophe auf eine Vielzahl von möglichen Gefahren hinweisen. Solche mythologischen Darstellungen sind oft symbolisch und deuten auf allgemeine Herausforderungen und Prüfungen im Leben der Gemeinschaft hin. Die Göttin, die sich in menschlicher Form zeigt, könnte als Vermittlerin zwischen den Kräften der Natur und den Menschen gedient haben, um etwa Naturkatastrophen wie Überschwemmungen, Dürren oder Stürme abzuwenden.

Die Entscheidung, diese Information vor Mwindo zu verbergen, war aus Sorge um seinen Schutz getroffen worden. Der König fürchtete, dass Mwindo, wenn er von seiner göttlichen Herkunft erfuhr, zu früh mit großen Erwartungen und Gefahren konfrontiert würde. Stattdessen wollte er ihm die Möglichkeit geben, in einer normalen Kindheit aufzuwachsen und seine eigenen Fähigkeiten und sein Schicksal zu entdecken.

Die Offenbarung über Mwindos wahre Herkunft war ein zutiefst bewegender Moment in seiner Reise. Es war eine emotionale Achterbahnfahrt, die von Überraschung, Verwirrung und schließlich Akzeptanz geprägt war. Mwindo musste die Tatsache verarbeiten, dass seine Mutter eine göttliche Gestalt war und dass sein ganzes Leben von dieser Geheimhaltung geprägt war. Die Offenbarung führte jedoch auch zu einer tiefen Verbindung zwischen Mwindo und seiner göttlichen Mutter. Er fühlte sich von ihr gesegnet und geführt und erkannte die Verantwortung, die mit seiner Abstammung einherging.

Mwindo war nun nicht nur ein Held seines Volkes, sondern auch ein Vermittler zwischen den Welten der Götter und der Menschen.

Mit dieser Erkenntnis wuchsen auch Mwindos Kräfte und Fähigkeiten. Eine wichtige Lektion, die er von den Göttern erfuhr, war die Bedeutung der Harmonie zwischen Menschen und Natur. Er lernte, die Gaben der Natur zu respektieren und zu ehren, und wie man im Einklang mit den Elementen lebte. Die Götter lehrten Mwindo auch die Kunst der spirituellen Kommunikation und Prophezeiung. Er konnte Orakel deuten und Vorzeichen erkennen, die auf zukünftige Ereignisse hinwiesen. Dieses Wissen gab ihm später die Fähigkeit, kluge Entscheidungen zu treffen und sein Volk vor Gefahren zu schützen.

Mwindos Rückkehr

Schließlich kehrte Mwindo in sein Heimatdorf zurück, doch als er ankam, offenbarte sich ihm eine beunruhigende Wahrheit. Das Dorf, das er einst verlassen hatte, war von den Intrigen seines neidischen Onkels Shemwindo und anderer Verschwörer erschüttert worden. Es war ein bitterer Moment der Rückkehr, der Mwindo mit der harten Realität seiner Welt konfrontierte.

Sein Onkel Shemwindo hatte während Mwindos Abwesenheit nach der Macht im Dorf gegriffen. Er schürte Misstrauen und Unruhe unter den Dorfbewohnern und versuchte, Mwindos Vater, den König, zu entthronen. Shemwindo blickte immer noch neidisch auf Mwindo und seine göttlichen Fähigkeiten, die er als Bedrohung für seine eigene Macht sah. Als Mwindo von diesen Intrigen erfuhr, war er bereit, gegen die Verschwörer anzutreten und die Harmonie und den Frieden in seinem Dorf wiederherzustellen.

Mit der Unterstützung seiner Mutter, der göttlichen Gestalt, und seiner außergewöhnlichen Fähigkeiten trat Mwindo gegen Shemwindo und die Verschwörer an. In einem gewaltigen Showdown zwischen Gut und Böse besiegte Mwindo die Kräfte der Dunkelheit und stellte die Ordnung in seinem Volk wieder her.

Mit dem Sieg über Shemwindo kehrte der Frieden in das Dorf zurück, und Mwindo übernahm seine Bestimmung als Anführer und Beschützer seines Volkes. Er erkannte, dass seine Verbindung zu den Göttern und die Weisheit, die er erworben hatte, nicht nur für seine eigene Reise von Bedeutung waren, sondern auch für die Stärkung und den Schutz seiner Gemeinschaft. Mwindo konnte endlich seine wahre Bestimmung erfüllen. Er wurde nicht nur ein mächtiger Herrscher, sondern auch ein Vermittler zwischen der Welt der Menschen und der Welt der Götter. Sein Volk schätzte seine Führungsqualitäten und seine Weisheit und verehrte ihn als den Helden, der die Nyanga vor dem Untergang gerettet hatte.

Die Geschichte von Mwindo bleibt nicht nur ein spannendes Abenteuer, sondern ein Fenster in die Welt der Nyanga. Sie gewährt Einblicke in ihre Werte, Traditionen und spirituellen Überzeugungen. Diese Sage erinnert uns daran, dass Geschichten nicht nur zur Unterhaltung dienen, sondern auch tiefe Einsichten in die menschliche Natur und unsere Beziehung zur göttlichen Welt vermitteln können. Sie lehrt uns, dass jeder von uns eine einzigartige Bestimmung hat und dass unser Weg zur Selbstfindung und Weisheit genauso aufregend sein kann wie die Reise von Mwindo selbst.

***Volker Liebelt,** Jahrgang 1966, lebt in der idyllischen Stadt Öhringen.*

# Europa und der Stier – Oder: Zeus im Liebesrausch

### Eine griechische Sage

Der phönizische König Agenor hatte eine wunderschöne Tochter namens Europa. Sie war bekannt für ihre atemberaubende Schönheit. Davon erfuhr auch der Göttervater Zeus. Seine Neugierde war geweckt. Und so versuchte Zeus, Europa zu erspähen, indem er seiner Lieblingsbeschäftigung nachging. Und zwar blickte er immer auf die Erde, um die Menschen dort zu beobachten.

Die eifersüchtige Göttergemahlin Hera passte normalerweise immer gut auf ihren Ehemann Zeus auf. Besonders dann, wenn der vergnügte Gott der Liebe Eros gerade mal wieder in der Nähe war und seine Liebespfeile überallhin verschoss. Denn hin und wieder wurde auch Zeus von einem Liebespfeil getroffen. Sehr zum Ärger seiner Gattin Hera:

„Eros! EROS! Verdammt noch mal, wo treibst du wieder dein Unwesen? Schleuderst du deine Liebespfeile wieder kreuz und quer in der Welt herum oder was tust du? Eros!"

Eros hatte sich hinter einer Säule versteckt und lugte verschmitzt hervor. „Liebe Hera, du verlangst nach mir?"

„Da bist du ja! Ich habe eine Bitte an dich. Könntest du das Schießen mit deinen Liebespfeilen an einem anderen Ort machen? Ich möchte verhindern, dass du wieder meinen Mann Zeus erwischst. Ich bin nämlich müde und möchte mich hinlegen. Ich kann nicht die ganze Zeit darauf achten, wohin deine Liebespfeile fliegen und wen sie treffen."

„Meine Liebespfeile wirken Wunder, nicht wahr? Jeder, der getroffen wird, muss sich sofort verlieben. Ist das nicht toll? Aber gut, ich werde achtsamer sein. Versprochen."

Damit war die Göttin Hera beruhigt.

Doch als Zeus' eifersüchtige Frau Hera sich zum Schlafen hinlegte, passierte es: Gerade als Zeus ein Auge auf Europa geworfen hatte, war Eros wieder voll in seinem Element. Er war einen Augenblick unachtsam und schoss versehentlich einen Liebespfeil auf Zeus. Sofort entflammte sein Herz und Zeus verliebte sich unsterblich in Europa. Er wollte sie nun als irdische Frau ehelichen und mit ihr Kinder haben.

„Welch eine Schönheit! Welch eine traumhaft schöne Frau Europa ist! Nie habe ich eine hübschere Frau gesehen! Ich muss sie kennenlernen. Koste es, was es wolle. Heiraten will ich sie und Kinder mit ihr haben! Meine himmlische Frau schläft zum Glück. Da sie die Göttin der Ehe, der Fruchtbarkeit und der Familie ist, kommt mein Vorhaben nicht so gut an wahrscheinlich. Hm. Wie stelle ich es nur an, dass ich auch Europa ehelichen kann?“

Um nun nicht in Verruf zu geraten, dachte sich Zeus etwas aus: „Ich habe soeben beschlossen, dass jeder Gott neben seiner himmlischen Gemahlin eine irdische Frau heiraten kann. Das bedeutet, dass jeder von uns Göttern von nun an auch irdische Kinder bekommen darf. Aber bitte, lasst meine Gemahlin Hera aus dem Spiel. Sie soll nicht geweckt werden. Lasst sie weiterhin schlafen.“

Damit Zeus nun Europa für sich haben und erobern konnte, plante er, die junge Frau zu entführen. Dazu bediente er sich einer List. Und zwar studierte Zeus Europas Gewohnheiten und wusste daher, dass sie sich gerne mit ihren Freundinnen auf der Wiese nahe des Palastes aufhielt. Deshalb befahl Zeus dem Götterboten Hermes, die Rinderherde des Königs Agenor dorthin zu treiben. Zeus verwandelte sich in einen prachtvollen weißen Stier und mischte sich unter die Herde. Natürlich stach er heraus – und die Aufmerksamkeit der jungen Freundinnen war sofort beim weißen Stier.

„Wow“, rief eine der jungen Frauen, „seht ihr diesen bildschönen Stier dort in der Herde? Schaut doch mal! Der ist nicht zu übersehen!“

Die jungen Frauen lenkten ihre Aufmerksamkeit weg vom Kartenspiel, dafür hin zur Rinderherde. Europa sah den Stier und konnte ihre Augen nicht mehr abwenden:

„Ein weißer Stier! Wie herrlich er aussieht! Und seine Muskulatur – atemberaubend. Selbst die Hörner blitzen. Ein so schönes Tier habe ich noch nie gesehen.“

Plötzlich kam der Stier näher. Die jungen Frauen bekamen es erst mit der Angst zu tun. Als sie dann aber feststellten, dass der weiße

Stier ganz friedlich war, fingen sie an, ihn zu streicheln und mit ihm zu spielen. Als der Stier sich niederlegte, kletterte Europa auf seinen Rücken. Und genau darauf war der listige Zeus aus gewesen. Ehe sich die junge Frau versah, sprang der Stier auf und rannte einfach los.

„Hilfe, HILFE! Wohin rennst du denn mit mir? Ich hab Angst! Halte sofort an. Bleib stehen. HILFE!"

Der weiße Stier aber galoppierte mit Europa einfach weiter. Er galoppierte so schnell davon, dass sie sich kaum halten konnte. Sie musste sich an seinen Hörnern festhalten. Der weiße Stier rannte zum Meer und stürzte sich mit ihr in die Fluten. Er schwamm und schwamm und schwamm. Europa wurde allerdings dabei nicht nass.

Irgendwann, nach einer gefühlten Ewigkeit, erreichten beide eine Insel. Die Insel Kreta. Der weiße Stier ging dort an Land. Als Europa abgestiegen war, verwandelte sich der weiße Stier in einen hübschen, jungen Mann. Er kniete vor Europa nieder und machte ihr sogleich einen Heiratsantrag: „Liebe Europa. Dies ist meine Insel namens Kreta. Hier bin ich der König. Möchtest du meine Königin werden? Ich werde dich reich entlohnen und versuchen, dich glücklich zu machen. Lehnst du mich ab, dann bringe ich dich zu deinem Vater zurück."

Und aus dem Nichts kam wieder ein Liebespfeil angeflogen und traf im richtigen Augenblick Europa, die daraufhin antwortete: „Gerne möchte ich dich heiraten und mit dir glücklich werden. Ich möchte so oft mit dir zusammen sein, wie es nur geht."

„Du machst mich mit deiner Entscheidung, mich zu heiraten, sehr glücklich. Ich werde mir etwas ganz Besonderes einfallen lassen, um dich zu ehren und um dir meine Liebe zu beweisen!"

So lebten sie ein Menschenleben lang glücklich und zufrieden als Ehepaar zusammen, bis Europa starb. Europa schenkte Zeus drei Kinder: Minos, Rhadamanthys und Sarpedon. Um nun seine irdische Gattin Europa unsterblich zu machen, benannte Zeus den Kontinent, auf dem Griechenland liegt, nach ihr.

***Kathinka Reusswig:*** *44 Jahre alt geworden. Bereits als kleines Mädchen wohnte ich im Herzen Hessens – dem Main-Kinzig-Kreis, wo sie heute noch lebt. Ihre Hobbys: Schreiben: Sport, Kochen, Gitarre spielen, Nähen und Zeichnen. Gerne verbringe sie Zeit mit Freunden.*

# Darf ich mitfahren?

## Geschichte über die weiße Frau vom Ebersberger Forst

Die schwer verletzte Frau starrte auf das Auto, welches nur wenige Meter vor ihr im Leerlauf stand, so als würde es zögern, weiterzufahren. Der Schein der Heckleuchten tauchte sie und das kleine Häuschen neben ihr in sein dunkles Rot ein. Sie waren alleine hier im Wald. Die Frau, die sich vor Schmerz krümmte, nahm all ihre Kraft zusammen, versuchte, sich aufzurichten, und wollte gerade einen Hilfeschrei ausstoßen, als sie erneut den Motor des Wagens aufheulen hörte. Noch ehe sie um Hilfe rufen konnte, musste sie mitansehen, wie das Auto wegfuhr und die Hecklichter langsam zu winzigen roten Punkten in der Ferne wurden. Das Gefühl der Verzweiflung verschwand und ein anderes Gefühl stieg nun in ihr empor: Zorn. Ein stärkerer Zorn, als sie ihn je in ihrem Leben verspürt hatte. Ein Zorn, der nie vergessen werden würde …

Jahre später:

So ein Mist. Er hatte es schon wieder nicht vor Einbruch der Dunkelheit geschafft. Bei all seinen Überstunden war es bereits eine halbe Ewigkeit her, seit Henry das letzte Mal seinen Heimweg noch bei Tageslicht angetreten hatte. Wie sehr ihn dieser verdammte Job doch auffraß. Die Hölle musste sehr stolz auf ihre Erfindung der 70-Stunden-Woche sein!

Schemenhaft zogen die ihm mittlerweile nur allzu bekannt gewordenen Gebäude und Ortschaften an seinen Autofenstern vorbei. Für einen kurzen Moment von seinen Scheinwerferlichtern beleuchtet, gehörten die Ortschaften gleich darauf schon wieder der nächtlichen Finsternis. Hier war er also mal wieder – auf der Staatsstraße 2080, seinem Heimweg, kurz davor, in den Ebersberger Forst einzufahren und dort die Hubertuskapelle zu passieren – die Hubertuskapelle, eigentlich nichts weiter als ein unscheinbares Häuschen am Wegesrand, doch trotzdem so berühmt. Seine Bekanntheit verdankte dieses Gotteshaus der Geschichte der berüchtigten weißen Frau vom Ebersberger Forst. Ja, diese Geschichte … Wie ging sie noch gleich?

Er kannte diese Sage so, dass an der Kapelle einst eine Frau angefahren worden sein sollte und der Schuldige Fahrerflucht beging. Ihr erzürnter Geist, so hieß es, würde seitdem diesen Ort heimsuchen und dort Autofahrern als Anhalterin erscheinen – und genau hier galt es angeblich aufzupassen: Sollte man anhalten und sie tatsächlich einsteigen lassen, dann würde sie lediglich eine Weile im Auto sitzen und schließlich wieder verschwinden. Sollte man das allerdings nicht tun und weiterfahren, dann würde sie in einem den Fahrer wiedererkennen, der sie einst das Leben gekostet hat und dann …

Ja, und was dann? Henry konnte sich nicht mehr genau erinnern. Doch war das auch wichtig? Es war schließlich nur eine dumme Geistergeschichte – nicht mehr. Da war er sich so sicher wie bei sonst kaum etwas in seinem Leben. Wie konnten all diese Ortsansässigen nur an dieses Ammenmärchen glauben? Nur weil es auf dieser Strecke tatsächlich mal ein paar Unfälle gab – und das in den 1980er-Jahren eben angeblich etwas gehäufter. Na und? Doch selbst Leute in seinem Bekanntenkreis, von denen er weitaus mehr erwartet hätte, mieden diese Straße, so gut es ging, aus Angst vor dieser Geschichte. So weit würde es bei ihm sicherlich nie kommen!

Nur wenige Minuten nach Passieren des Ortsschildes erstreckte sich auch schon der Ebersberger Forst vor ihm. Wie gigantische Torwächter blickten die Bäume zu seiner Linken und Rechten auf ihn herab, schienen ihn gar grimmig zu mustern. Die Baumkronen mit ihren Hunderten von Ästen wurden von heftigem Wind hin und her geschleudert. Heute hatte der Wald wirklich etwas Bedrohliches an sich, das musste selbst Henry sich eingestehen.

Auch fast nach der Hälfte der Strecke durch den Forst ließ ihn dieses unbehagliche Gefühl, das er seit dem Hineinfahren in den Wald hatte, nicht los. Doch seine Müdigkeit löste dieses Gefühl des Unbehagens letztendlich doch noch ab. Henry musste nun sogar damit kämpfen, seine Augen offen zu halten.

So zog sich die Strecke hin, bis nach einer Weile etwas Seltsames geschah: Für einen kurzen Moment meinte er, kleine Lichter zu sehen, die ihm frontal direkt entgegenschienen. War da etwa ein Wagen, der ihm auf seiner Fahrseite als Geisterfahrer entgegenkommen wollte? Schon war er wieder hellwach und setzte an, sein Lenkrad umzureißen, um ein Ausweichmanöver durchzuführen. Doch noch ehe er dies tun konnte, waren die Lichter bereits wieder verschwunden.

Wie war das noch gleich mit Geisterlichtern, die ein Omen für die Ankunft der weißen Frau sein sollten? Irgendjemand hatte ihm das einmal erzählt. Noch ehe er diesen Gedanken zu Ende führen konnte, fiel seine Aufmerksamkeit auf den Anblick direkt vor ihm: Ein kleines, unscheinbares, weißes Häuschen tauchte aus der Finsternis zu seiner Rechten auf – die Hubertuskapelle. Sie stand dort wie ein Fels in der Brandung, während die hohen Bäume um sie herum im Wind wild hin und her schaukelten.

Das mulmige Gefühl in sich konnte er jetzt nicht mehr ignorieren. Für einen kurzen Moment wünschte er sich nichts mehr, als dass jetzt noch jemand anderes bei ihm im Auto sitzen würde. Allein der Gedanke, hier und jetzt, nachts, völlig alleine inmitten dieses Waldes zu sein mit ...

Quatsch! Was für blödsinnige Gedanken! Er musste schließlich nur noch ein paar wenige Kilometer weiterfahren und schon lägen diese unheimliche Kapelle und der Wald hinter ihm. Was sollte jetzt noch Großes passieren? Würde ihm etwa die weiße Frau in Fleisch und Blut – wenn man das bei einem Geist überhaupt so sagen konnte – entgegenspringen?

Was für eine Vorstellung! Eine Frau in weißem Kleid, die einem nachts geisterhaft am Wegesrand erscheint! Eine Frau genau wie die Dame in einem weißen Kleid, die ihm gerade rechts vor seinem Auto zuwinkte ...

Henry fühlte sich, als würden seine Innereien gerade durch einen Fleischwolf gejagt werden. Er bremste schockiert aus Angst, sie anzufahren, und starrte entsetzt nach vorne. Tatsächlich. Wenige Meter hinter der Kapelle stand zweifelsohne eine Frau in einem weißen Kleid, die geisterhaft und völlig surreal vor Ort anmutete. Sie schien langes, schwarzes Haar zu haben, war kreidebleich und ihr makellos weißes Kleid leuchtete in all der Dunkelheit um sie herum engelsgleich. Trotz des Wetters wehte seltsamerweise kein einziges ihrer Haare im Wind. Ihr Kleid ebenso wenig. Sie signalisierte ihm mit ihren winkenden Armen, anzuhalten.

Nein. *Sie* konnte nicht echt sein. Sie konnte nicht echt sein!

Was zur Hölle passierte hier?

Weniger als bewusste Entscheidung, sondern vielmehr aus purem Reflex trat Henry, so fest es ging, auf das Gaspedal. Seine Hände waren so fest um das Lenkrad gekrallt, dass man sie nur mit einer Brechstange hätte von diesem entfernen können.

Kaum hatte er die nächste Kurve hinter sich, bremste Henry etwas ab, als er bemerkte, dass sein Wagen leicht ins Schlittern kam. Er atmete tief aus und blickte dann in den Rückspiegel. Natürlich waren darin nichts als die Straße und ein paar Leitpfosten zu erkennen. Die Kapelle hatte er längst hinter sich gelassen. Und selbst wenn er umkehren würde, wäre dort sicher keine Spur mehr von irgendeiner weißen Frau.

Andererseits … Was, wenn dort wirklich ein Mensch stand, der seine Hilfe benötigte? Hatte er gerade jemanden im Stich gelassen nur aus Angst vor einem lächerlichen Mythos?

Nein. Sicher nicht! Bestimmt war er nur kurz dem Sekundenschlaf verfallen und hatte es geträumt. Genau, das musste es gewesen sein. Die weiße Frau war nur das Hirngespinst eines übermüdeten Geistes – ein sehr realistisches, zugegeben, aber doch nur ein Hirngespinst.

Richtig?

Richtig.

Diese Erklärung beruhigte ihn etwas. Mit jedem einzelnen überwundenen Leitpfosten entspannte sich seine Atmung etwas mehr. Er fuhr so eine Weile lang weiter durch den Wald. Die Strecke schien sich heute besonders lange hinzuziehen. Das Adrenalin in seinem Körper nahm wider stark ab und seine Müdigkeit kehrte langsam aber stetig zurück. Henry gähnte. Er betrachtete eine Weile lang wie hypnotisiert die von seinem Fernlicht beleuchtete Straße. Der Mond über ihm lugte zwischen schwarzen Wolkenschwaden hervor, als würde er ihn heimlich beobachten.

Die Fahrtstrecke schien sich kaum zu verändern. Doch plötzlich, gerade als er für einen Sekundenbruchteil nicht mehr an die ganze Geschichte mit der weißen Frau denken musste, stellten sich seine Nackenhaare stocksteif auf. Seinen ganzen Körper durchfuhr ein heftiger Schauer. Wie ein Blitzschlag traf ihn das Gefühl, dass er jetzt nicht mehr alleine in seinem Auto war. Er spürte etwas … hinter sich. Wer *oder was* saß da hinter ihm? Saß wirklich *sie* dort auf seinem Rücksitz, in ihrem makellos weißen Kleid wie noch vor der

Kapelle? Oder sah sie nun völlig anders aus? Offenbarte das Mondlicht, das durch die Fensterscheiben hindurch auf sie schien, jetzt ihr wahres Ich? Hing ihr zerrissenes Kleid nur noch in Fetzen von dem herab, was einmal ihr Körper war? Grinste ihn gerade das Gebiss eines Totenschädels an und betrachteten ihn dessen pechschwarze Augenhöhlen? Streckte sich genau in diesem Moment eine Skeletthand, an der nur noch wenige Fetzen verwestes Fleisch lose klebten, nach ihm aus, im Begriff, ihn zu packen?

Wie unter einem Bann konnte Henry nicht anders, als sich während des Fahrens umzudrehen, um sicherzugehen. Anhalten wollte er schließlich in diesem verfluchten Wald unter keinen Umständen mehr. Die Tatsache, wie gefährlich nahe sein Wagen dabei dem Straßengraben kam, entging ihm dabei gänzlich. Er war kurz davor, dem Grauen dort hinten ins Gesicht zu blicken. Und gerade, als sein Blick auf die Rückbank fiel …, sah er, dass diese gänzlich leer war.

Henry ließ sich erleichtert in seinen Sitz zurückfallen. Er wollte gerade tiefer als noch in der ganzen Nacht zuvor ausatmen, als er etwas an seinem Hals spürte: einen eiskalten Luftzug. Er wusste, dass der Luftzug nicht dem Gebläse seiner Klimaanlage entsprang, da er diese ausgeschaltet hatte. Vielmehr fühlte es sich so an, als würde ihn jemand direkt neben ihm anhauchen. Sofort stellten sich seine Nackenhaare wieder auf und sein Herz wurde so schwer wie eine Bleikugel.

Für einen Moment war Henrys gesamter Körper wie gelähmt. War es das, was Leute meinten, wenn sie vom *Hauch des Todes* sprachen? Gerade als er sich zu seinem Beifahrersitz umzudrehen versuchte, stürzte sich etwas fauchend auf ihn! Etwas, das er nie in all seiner Grauenhaftigkeit hätte beschreiben können …

Er bekam nur noch zwei Dinge mit: Wie jemand *oder etwas* sein Lenkrad packte und es in einem kräftigen Ruck nach rechts umriss – und das Quietschen seiner Reifen, das so schrill war wie das Kratzen von Fingernägeln an einer Schultafel.

Er wachte im Straßengraben auf. Das Atmen fiel ihm schwer und es fühlte sich an, als wäre er zwischen zwei Felsen eingeklemmt. Henry hustete heftig und spürte etwas Warmes an seiner Schläfe herablaufen. Glassplitter lagen überall verstreut herum. Von seiner *Beifahrerin* fehlte jede Spur. Ja, jetzt erinnerte sich wieder an das Ende der Geschichte …

Sollte man die weiße Frau nicht mitnehmen und an der Kapelle stehen lassen, so würde sie ganz plötzlich – im Auto sitzend – auftauchen und einen so heftig erschrecken, dass man selbst einen tödlichen Unfall erleiden würde. Henry wusste nicht, wieso, aber er musste leise lachen.

Wieder blendete ihn jetzt ein Licht, doch waren es diesmal die Scheinwerfer eines herannahenden Autos. Der letzte Gedanke, der ihm durch den Kopf ging, war, dass die Scheinwerfer genauso aussehen wie die Lichter an der Kapelle.

*Bild rechts: Die Hubertuskapelle im Ebersberger Forst*

***Daniel Kütük*** *wurde im Jahr 2000 in Bayern geboren. Nach einer abgeschlossenen Ausbildung bei der IHK zum Immobilienmakler begann er, Jura zu studieren. Seine Leidenschaft für Literatur, Kunst und Film zieht sich durch sein Leben. Schon während der Schulzeit schrieb er Drehbücher und Kurzgeschichten, was ihm 2017 den Gewinn eines Drehbuchwettbewerbs einbrachte. Einige seiner Drehbücher, wie „Das Kratzen", wurden als Kurzfilme umgesetzt. Insbesondere das Horrorgenre hat ihn stark geprägt, weshalb er seine Kreativität oft auf unheimliche Pfade lenkt.*

# Die Lehren Altenburgs

**Eine Sage aus Oberbayern**

Am Hochufer der Mangfall liegt das Schloss Altenburg. Bei klarem Wetter kann man von hier aus die Alpen erkennen, die ungefähr 30 Kilometer entfernt liegen. Umgeben von wuchtigen Wiesenflächen und herrschaftlichen Bergen mag man sich kaum vorstellen, welches Geheimnis sich in dem nahe gelegenen Wald verbirgt. Generationen von Bewohnern lebten im Schrecken dieses Mysteriums.

Laut Legende hauste damals in den Wäldern ein gewaltiger Drache, dessen Schuppenpanzer sich kaum vom dichten, grünen Blattwerk der Bäume unterschied. Ein verfluchter Prinz soll sich in dieses Ungeheuer verwandelt haben. Nur durch eine heroische Tat, so die Sage, konnte er seine menschliche Gestalt zurückerlangen.

Die Dorfbewohner waren von diesem Vorfall überwältigt. Der Drache, der nachts auch außerhalb des Waldes umherstreifte und dabei schrecklich schrie, versetzte die Bewohner in große Furcht. Sie sahen sich gezwungen, Opfer zu bringen, um den Spuk zu beenden. Wöchentlich begaben sich die mutigen Altenburger in den Wald und opferten einen Stier oder ein anderes Tier in der Hoffnung, den Zorn des Drachen zu mildern. Doch dies schien seine Wut nur noch zu steigern.

Eines sonnigen Tages kam ein wandernder Ritter namens Georg in den Ort. Er hatte von dem entsetzlichen Wesen und den tierischen Opfern der Dorfbewohner gehört. Entschlossen, das Untier zu besiegen, trat der edle Mann in seiner Rüstung dem Drachen entgegen. Die Altenburger waren skeptisch, doch sie hatten nichts zu verlieren.

Am Morgen nach seiner Ankunft machte sich der tapfere Georg auf den Weg in den Wald, in die Gegend, wo der Drache häufiger gesichtet worden war.

Bald spürte er den glühenden Atem des Ungeheuers und stellte sich dem Riesen couragiert entgegen. Georg sprach ruhig und mitfühlend, als er den Drachen fragte, was der Grund für dessen Vernichtungsfantasien sei.

Traurig erzählte der verfluchte Prinz, wie er einst geliebt hatte, nun aber nur noch vom eigenen Hass getrieben wurde. Gefangen in seiner Finsternis, brauchte er dringend eine Lösung. Georg reagierte mit großer Menschlichkeit und versuchte, dem Drachen das zurückzugeben, was er verloren hatte: Vertrauen und Liebe. Der Ritter teilte seine Gedanken darüber, wie man wieder lernt, sich an den kleinen Dingen des Lebens zu erfreuen.

Während des Gesprächs verlor der Drache nach und nach seine Schuppen und verwandelte sich vor Georgs staunenden Augen in seine ursprüngliche, schillernde Gestalt zurück. Als Prinz warf er sich vor Georg zu Boden und dankte ihm demütig für seine grenzenlose Güte. Der Bann war gebrochen.

Die Altenburger, die hoffnungsvoll das Ende des Kampfes erwartet hatten, traten aus ihren Verstecken hervor und wurden Zeugen des Wunders. Berührt von der Rückverwandlung erkannten sie, dass Gegengewalt nur zu weiterer Vernichtung geführt hätte.

Fortan regierte der Prinz mit Augenmaß nach demokratischen Grundsätzen. Er sorgte für Harmonie und Zusammenhalt und setzte bei Unstimmigkeiten auf Kooperation zwischen seinen Bürgern. Viele Generationen kennen diese Geschichte. Der Zusammenhalt Altenburgs fußt seither auf dem Fundament jener vergangenen Auseinandersetzungen und auf Georg als Inbild einer vorbildlichen Konfliktlösung.

***Oliver Fahn,*** *geboren 1980 in Pfaffenhofen an der Ilm, Oberbayern, ist ein vielseitiger Autor. Seine Werke sind in anerkannten Publikationen wie DUM, Poets of the New World, Radieschen, eXperimenta und etcetera erschienen. Zudem wurden seine Texte von der Stadt St. Pölten und der Friedrich-Naumann-Stiftung veröffentlicht. Gemeinsam mit der Schriftstellerin Polina Jäger nimmt er regelmäßig an Wettbewerben teil.*

# Das Monster im Gerberloch

**Eine Sage aus Basel**

Albrik war gerade auf dem Nachhauseweg, als er mit einem Mal ein merkwürdiges Zischen hörte. Was war denn das? Er befand sich gerade auf dem Gerberberglein, was man natürlich nur zu gut merkte. Die ganzen Gerbereien hier verströmten einen nicht gerade sehr einladenden Geruch. Doch so ein Zischen hatte er noch nie vernommen. Verwirrt blickte er sich um. Dort war das Gerberloch, ein Brunnen, der die Gerber mit Wasser versorgte. Er war eigentlich nur ein Loch im Boden. War das Zischen von dort gekommen? Vielleicht hatte das Gift der Gerbereien das Wasser so verunreinigt, dass der Teufel selbst dort nun hauste?

Mit einem Mal erblickte Albrik ein fürchterliches Untier, das aus dem Boden gekrochen kam. Er war nicht mehr fähig, irgendetwas zu tun, als ihn der tödliche Blick dieser Kreatur traf. Das Monster vom Gerberloch hatte wieder einmal zugeschlagen.

Unruhiges Gemurmel erfüllte die Ratshalle des Basler Stadtrates. „Bitte, meine Herrschaften!“, versuchte Peter Rot, Bürgermeister der Stadt, die Ratsleute zu beruhigen. Doch die Ratsherren der Stadt waren viel zu aufgebracht, um auf den Bürgermeister zu hören. Jetzt reichte es ihm. Wütend nahm er die Glocke und bimmelte heftig damit. „RUHE!“, brüllte er.

Erst jetzt wurde das Gemurmel zu einem leisen Flüstern.

„Meine verehrten Stadträte, ich bin mir der Lage in der Stadt sehr wohl bewusst. Aber es hilft jetzt nichts, den Kopf zu verlieren. Tatsache ist, dass ein fürchterliches Untier, vermutlich ein Basilisk, unsere schöne Stadt heimsucht. Wir versuchen gerade zu ermitteln, wo dieses Monster herkommt“, erklärte er dem Großen Rat der Stadt.

„Ein jeder weiß doch, woher solch ein Untier stammt. Ein Hahn legt ein Ei, das von einer Schlange befruchtet wird. Wir müssen diesen gottlosen Hahn finden und ihn richten, bevor noch mehr Basilisken schlüpfen!", ereiferte sich eines der Ratsmitglieder.

Peter verdrehte die Augen. Das war genau das, was er jetzt nicht gebrauchen konnte – irgendwelche Panik. „Alles wird genau nach den geltenden Gesetzen durchgeführt. Wir werden den Hahn vor Gericht stellen. Dann wird schon die Wahrheit herauskommen", bemerkte der Oberste der Stadt.

„Ich bin dafür, dass wir sofortige Maßnahmen einleiten. Der Basilisk muss vernichtet werden!", stellte ein weiteres Ratsmitglied fest.

Die Abstimmung im Großen Rat war reine Formsache.

Sie war einstimmig.

Auf dem Markt zu Basel war das Gericht der Stadt zusammengetreten. Eine große Zahl Schaulustiger hatte sich bereits dort versammelt. Der Stadtrat hatte einen Inquisitor bestellt, der sich des Basiliskenproblems annehmen sollte. Peter Rot persönlich hatte dem Bischof geschrieben, in welch verheerender Lage man in Basel war. Natürlich wusste der Bischof das schon lange und so musste er sich gar nicht bitten lassen. Das war nicht alles, er selbst übernahm den Vorsitz des Inquisitionsgerichts, das den Hahn verurteilen und richten sollte, der das Ei gelegt und so den Basilisken hervorgebracht hatte.

Rot lächelte säuerlich. Das sah dem Bischof ähnlich, sich wichtigzumachen. Ihm wäre es lieber gewesen, wenn ein weltliches Stadtgericht das Urteil über den Hahn gefällt hätte, aber dies war nun mal eine Angelegenheit der Kirche.

„Bringt mir den Hahn, damit er vor dem Gericht aussage!", rief der Bischof huldvoll.

Sogleich brachte ein Beamter den schwarzen Hahn in einem Käfig herbei. Der Eigentümer des Hahns eilte beunruhigt hinterdrein.

„Diesem Hahn hier wird vorgeworfen, ein Ei gelegt zu haben, aus dem ein Basilisk geschlüpft ist", verkündete der Bischof.

Der arme Hahn blickte nur verwirrt in die Runde. Man sah, dass er nicht wusste, wie ihm geschah.

„Herr, ich kann bezeugen, dass mein Hahn das Ei gelegt hat. Als ich vor einigen Tagen in den Stall kam, da schlich sich eine Schlange aus dem Stall heraus. Wenig später war mein Hahn verschwunden und zu meiner Verwunderung fand ich ihn in der Gerbergasse wieder. Ich verstand erst nicht, warum, aber bestimmt hat er dort ein Ei gelegt, denn wenig später kam es zu den unglücklichen Todesfällen", erläuterte der Bauer. Unruhiges Gemurmel erhob sich unter den Anwesenden.

„Ruhe bitte! Dann steht es also fest, dass dieser Hahn vom Teufel besessen ist. Er muss sofort hingerichtet werden!", verkündete der Bischof das Urteil.

Die Hinrichtung war ein großes Spektakel. Der Hahn wurde vor den Augen aller geköpft. Schließlich schnitt man ihm noch den Bauch auf. Entsetzt sah das Volk, dass der Hahn noch Eier im Bauch hatte. Das Urteil war also gerecht gewesen. Das Tier war wirklich des Teufels gewesen. Schließlich verbrannte man den Hahn mitsamt seiner grauenvollen Brut.

Jetzt musste man nur noch den Basilisken loswerden. Peter Rot ging nervös in seiner Amtsstube auf und ab. Was sollte man denn jetzt nur tun? Wie sollte man der tödlichsten Kreatur der Hölle nur begegnen? Vielleicht ließ sich ja einer der jungen Recken, die zurzeit einige ihrer Turniere in der Stadt abhielten, dazu überreden, den Basilisken zu töten. Immerhin winkten Ruhm und Ehre demjenigen, der die Stadt von der Bestie befreite. Und man konnte bestimmt auch ein paar Gulden locker machen für die Vernichtung dieses Biestes.

Eusebius Reich von Reichenstein, Ritter des Heiligen Römischen Reiches Deutscher Nation, zu dem Basel gehörte, ritt hoch zu Ross durch die Straßen der Stadt. Er hatte von dem Problem der Basler gehört und war bestrebt, ihnen zu helfen. Er war erst vor Kurzem vom Knappen zum Ritter aufgestiegen und lechzte nach Ruhm und Ehre. Natürlich wusste er nur zu gut, dass die Autorität und das Ansehen des Ritterstandes im Schwinden begriffen waren. Doch gerade deshalb war es wichtig, dass es auch Ausnahmen gab: Ritter wie er, denen Ehre, Recht und Tugend noch etwas bedeuteten.

Er wusste nicht viel über Basilisken, nur dass es fürchterliche Monster waren, die vom Teufel direkt gesandt wurden. Es war seine Aufgabe, dieses Geschöpf in die Hölle zurückzuschicken.

Er kam in die Gerbergasse. Der Gestank der gegerbten Tierhäute war erbärmlich. Kein Wunder, dass der Teufel an diesem Ort Gefallen gefunden und eine seiner Kreaturen hierhergeschickt hatte. In der Hölle konnte es kaum schlimmer stinken. Schließlich erreichte er das Gerberloch. Hier war es am schlimmsten mit dem Gestank.

Eusebius hatte keine Zeit, sich um die ekligen Ausdünstungen dieses Ortes zu kümmern. Es war, als wäre das Gerberloch tatsächlich die Pforte zur Hölle. Vorsichtig näherte sich der Recke dem Höllenschlund. Eilig schlug er das Visier herunter, damit er der Bestie nicht in die Augen blicken konnte. Sonst stürbe er direkt. Auch seinen Schild hob er an, damit die giftigen Krallen ihn nicht trafen.

Plötzlich erklang ein markerschütternder Schrei. Eusebius packte seine Lanze fester. Er musste dieses Monster töten, sonst würde es Basel weiter terrorisieren. Der Schrei ging ihm durch Mark und Bein. Nur ein Höllentier konnte so kreischen. Es musste der Basilisk sein. Mit voller Wucht stieß er zu und durchbohrte den Basilisken mit seiner Lanze. Da vibrierte seine Waffe mit einem Mal und ein stechender Schmerz durchfuhr ihn. Entsetzt keuchte er auf. Der Basilisk schrie gequält auf. Eusebius bekam keine Luft mehr und fiel vom Pferd. Das Gift des Basilisks! Es musste durch die Lanze auf ihn übergegangen sein. Er röchelte qualvoll und Schaum quoll aus seinem Mund. Der Basilisk schrie erneut auf und schlug, aufgespießt durch die Lanze, verzweifelt mit seinen Flügeln. Langsam hauchten beide ihr Leben aus.

In Basel war die Erleichterung groß, als bekannt wurde, dass der Basilisk vernichtet worden war. Die Basler trauerten zwar um Reich von Reichenstein, doch bald schon war der Schrecken wieder vergessen und langsam legte sich der Schleier des Vergessens über die Ereignisse von damals. Der Gerberbrunnen wurde umgestaltet, das Loch verschwand und ein Trogbrunnen kam an seine Stelle.

Ein Gedicht über dem Brunnen kündet noch von dem grauenvollen Wesen, das die Basler so in Angst und Schrecken versetzt hatte. Heute ist der Basilisk Basels Wappenschildhalter und die vielen Basiliskenbrunnen in der ganzen Stadt erinnern noch heute an ihn.

***Florian Geiger,*** *wohnhaft in Lörrach, geboren 1982 in Heidelberg, schreibt seit seiner Kindheit gerne Geschichten, besonders aus den Bereichen Science-Fiction und Fantasy. Bisher konnte er Kurzgeschichten in verschiedenen Verlagen veröffentlichen. Website: https://floriantobiasgeiger.jimdofree.com, Friendica im Fediversum: https://opensocial.at/profile/anarcheron.*

# Frau Idda

**Eine Sage aus dem Toggenburg**

Die warme Frühlingssonne schien durch das Fenster in Iddas Gemach und milderte die leichte Brise, die vom Abgrund heraufwehte. Idda genoss den herrlichen Ausblick auf das Dorf weit unter der Burg und polierte leise summend ihre kostbarsten Kleinodien.

Normalerweise kümmerte sich ihre Zofe Johanna um den wertvollen Schmuck, doch die junge Frau hatte Idda gebeten, nach ihrem kranken Bruder sehen zu dürfen. Rasch hatte Idda ihr die Erlaubnis gegeben, schließlich war Johanna anstellig und sorgfältig in ihrer Arbeit und brachte kaum je eine Bitte vor.

Mit jedem Schmuckstück, das Idda in den Händen hielt und sorgfältig polierte, schwelgte sie in Erinnerungen. Das schwere, silberne Halsgeschmeide mit Perlen, das die Frauen ihrer Familie seit Generationen trugen und das ihre Mutter ihr zum Eintritt ins Erwachsenenalter übergeben hatte, benötigte besondere Fürsorge mit dem Silbertuch, da es nur allzu schnell dunkel anlief. Weniger Pflege bedurfte die kunstvolle Brautkrone aus Golddraht und funkelnden Glassteinen, die Iddas Vater ihr zur Hochzeit übergeben hatte. Leider waren Idda und ihrem Gemahl Heinrich bislang keine Kinder vergönnt gewesen, weshalb wohl einst ein Neffe den Grafentitel und die Burg erben würde. Vielleicht würde Idda seiner zukünftigen Gattin die Brautkrone leihen.

Ihr liebstes Kleinod hatte sie sich zum Schluss aufgespart: den prächtigen Goldring mit einem Saphir und zwei kleinen blauen Edelsteinen auf jeder Seite. Er war das Geschenk Heinrichs zu Iddas dreißigstem Geburtstag gewesen – mit Juwelen so blau wie ihre Augen, wie er ihr erklärt hatte. Sorgsam polierte sie den Ring, bis er vollkommen strahlte. Dann legte sie ihn zu den anderen Schmuckstücken auf das breite Fenstersims, wo die Sonnenstrahlen sie trocknen würden.

Zufrieden, aber leicht ermüdet, trat Idda an die Tür und bat einen vorbeigehenden Dienstboten, man möge ihr einen Krug heißes Wasser bringen. Die Schwestern im nahen Kloster trockneten Kräuter für verschiedene Tees. Von der belebenden Mischung wollte Idda nun trinken, da ihre Arbeit getan war.

Ein Schatten verdunkelte den Raum und Idda fuhr herum. Ein großer Rabe saß auf dem Fenstersims und pickte auf die Schmuckstücke ein.

„Weg mit dir! Husch!"

Krächzend machte sich der schwarze Vogel davon und Idda eilte ans Fenster. Da war das Halsgeschmeide, dort die Brautkrone, dort andere kleine Preziosen – doch der Goldring mit den blauen Edelsteinen fehlte. Ausgerechnet dieser Ring!

Verzweiflung ließ Iddas Kehle enger werden. Nicht nur, dass der Rabe ihr liebstes Kleinod gestohlen hatte, sie konnte es unmöglich Heinrich sagen. Er war ihr gegenüber stets großzügig und rücksichtsvoll, suchte ihren Rat und behandelte sie ihrer Stellung würdig. Doch er konnte furchtbar aufbrausend sein und brüllte gelegentlich die ganze Burg zusammen. Wenn sie Heinrich beichtete, dass sein Geschenk verloren gegangen war, weil sie Johanna den Gang nach Hause erlaubt hatte, würde er sowohl sie als auch ihre Zofe schelten und danach womöglich Jagd auf alle Raben der Grafschaft machen. Aber zu lügen war eine Sünde. Idda konnte nur beten, dass er sie nie fragte, wo der Ring geblieben war oder warum sie ihn nicht mehr trug.

So schwieg Idda darüber und betete täglich für ein glückliches Ende dieses Missgeschicks. Sie gestand den Vorfall nur Johanna, nachdem diese sich bestürzt gefragt hatte, wo das Schmuckstück geblieben war und ob allenfalls ein Dieb in der Burg umging. Treue Seele, die sie war, versprach sie, unauffällig Augen und Ohren offen zu halten und auch um die Burg herum zu suchen.

Drei Wochen gingen ins Land, ohne dass Idda oder Johanna den Ring fanden. Schweren Herzens begann Idda, sich mit dem Verlust abzufinden. Sie nähte ein feines weißes Hemd für Heinrich und bestickte es während langer Stunden am Fenster mit zierlichen Mustern.

Krachend flog die Tür zu ihrem Gemach an die Wand, und Heinrich trat schäumend vor Wut ein.

„Wie kannst du es wagen?! Mich derartig zu hintergehen und bloßzustellen! Treibst dich mit einem vom Fußvolk herum und gibst ihm Geschenke, die du von mir erhieltest! An meiner Seite dulde ich keine trügerische Natter, dich Ausgeburt der Hölle will ich zu deinem Meister zurückschicken!" Während seines zornigen Ausbruchs hatte Heinrich Idda aus ihrem Stuhl gezogen und ihr die Stickarbeit aus der Hand gerissen.

Sie verstand kaum, was er sagte, so in Rage war er, aber sie wehrte sich so gut wie möglich, als er sie ans Fenster zerrte. „Heinrich, werter Gemahl, wovon sprichst du? Was habe ich mir zuschulden kommen lassen?"

Mit harter Hand umfasste er ihr Kinn und ließ sie in Richtung Dorf blicken. Dort unten hatte sich eine Menschenmenge um ein Pferd versammelt, das etwas hinter sich herzog. „Der Jäger, mit dem du herumgehurt hast, weilt nicht mehr unter den Lebenden. Staub zu Staub, ich habe ihn den ganzen Weg hinunter durch den Dreck schleifen lassen."

„Heinrich, ich habe dich niemals betrogen und mich nie mit einem Jäger getroffen! Wie kommst du auf solch einen Gedanken?" Tränen traten in ihre Augen. Wie kam ihr Gemahl bloß darauf?

„Du lügst! Dreist trug er den goldenen Ring am Finger, den ich eigens für dich schmieden ließ! Woher sonst soll er ihn haben, wenn nicht aus deiner Hand?"

Der Jäger musste den Ring gefunden haben. „Das ist ein Missverständnis! Ich habe den Ring vor Kurzem verloren, der Mann muss ihn gefunden haben. Heinrich, du musst mir glauben!"

Mit eisigen Augen sah er sie an. „Wie könnte ich ein Wort aus deinem Munde glauben?" Er ließ Iddas Kinn los und packte sie stattdessen im Genick. „Allmächtiger Vater, wir sind verbunden, bis dass der Tod uns scheide. So nimm denn diese Scheidung an!" Heinrich stieß Idda zum Fenster hinaus.

Kurz fühlte sie sich beinahe schwerelos, doch dann fiel sie immer schneller dem Erdboden entgegen. Mit tränenerstickter Stimme bat sie den Herrn um Hilfe und flehte darum, Gnade vor seinen Augen zu finden.

Das Wunder geschah und sie wurde langsamer, bis ihr weites Gewand sich in den Ästen eines Baumes verfing und sie kurz über dem Boden zum Stillstand kam.

Sie konnte es kaum glauben, glitt rasch aus ihrem Übergewand und dankte dem Herrn inbrünstig für ihre Rettung. Erst dann sah sie nach oben zur Burg und zu Heinrich, ihr Herz schwer wie ein Amboss. Ihr Gemahl hatte ihr nicht zugehört, ihr nicht einmal die Möglichkeit gegeben, sich zu erklären.

Die Erkenntnis schmerzte wie ein Dolchstoß in ihre Brust und raubte ihr beinahe den Atem. Heinrich hatte sie als Lügnerin bezeichnet und sie in den Abgrund hinuntergestoßen. Sie konnte auf keinen Fall zurück.

Der Allmächtige hatte sie gerettet, hatte ihr in ihrer Not beigestanden und ihr sicheres Geleit gewährt. Wenn Heinrich sie als geschiedene Leute sah, dann war sie frei, zukünftig ihrem Retter zu dienen und ihm ihr Leben zu widmen.

Idda raffte sich auf, zog ihr Übergewand aus den Ästen und bündelte es. Dann machte sie sich auf den Weg in den Wald. Es war Sommer, die Zeit des Überflusses, sie würde also vorerst nicht hungern. Aber Wasser brauchte sie, also wanderte sie zwischen den Bäumen, bis sie einen schmalen Bach fand. Rasch stillte sie ihren Durst und sah sich um. Eine Eiche, halb bezwungen von starken Winden, stand schief gegen die Felswand gelehnt. Hinter ihr verbarg sich die schmale Öffnung einer Höhle. Zögernd trat Idda ein. Der Raum war nicht groß, aber trocken und geschützt. Hier würde sie eine Zeit lang bleiben können. Entschlossen krempelte sie die Ärmel hoch und begann, ihr neues Zuhause einzurichten.

Rasch gewöhnte Idda sich an ihren neuen Tagesablauf. Nach dem morgendlichen Gebet suchte sie im Wald nach Beeren und Wurzeln, an denen sie sich sättigen konnte. Aus ihrem feinen Übergewand machte sie Schlingen, in denen sie ihre Ausbeute zur Höhle trug. Danach sprach sie ihr Mittagsgebet und sammelte Feuerholz, das sie in der Höhle stapelte.

Bei ihren Wanderungen sah sie oft einen hellen Schatten zwischen den Bäumen, doch nie lange genug, um zu erkennen, was dort umging. Bis sie sich eines Tages am Bach wusch und plötzlich einen Hirsch auf der anderen Seite sah. Er musste ein heiliges Tier sein, denn er war weiß wie Schnee und sah sie aus uralten Augen ruhig an. Ehrfürchtig hielt sie beinahe den Atem an, um ihn nicht zu erschrecken.

„Sei gegrüßt, Freund. Hast du mich gesucht?"

Gemächlich schritt der Hirsch an ihr vorbei zu einem Baumstamm, den wohl ein Sturm vor einiger Zeit schon zu Boden gezwungen hatte. Der Hirsch scharrte mit den Hufen, nickte ihr zu und trottete dann davon. Idda erhob sich auf zittrige Beine und trat zu der Stelle, die er ihr gezeigt hatte. Pilze, die sie als essbar kannte, und zwar eine große Gruppe. Das war eine willkommene Abwechslung zu ihrer übrigen Kost, zumal die Beeren nun im Herbst langsam zur Neige gingen.

Der Hirsch führte Idda noch öfter an Stellen mit Nahrung, dichtem Moos für ihre Blutungen oder verschiedenen Heilkräutern. Sie dankte ihm stets und durfte ihm sogar bald über den kräftigen Hals und die weiche Nase streichen.

Daher erschrak Idda sehr, als eines Tages der Hirsch mit raschen Sätzen an ihr vorbeirannte, lautes Gebell und Rufen hinter ihm. Sogleich eilte sie dem Lärm entgegen, fest entschlossen, ihrem Freund einen Vorsprung zu verschaffen und die Flucht zu ermöglichen.

„Halt! Wer wagt es, den heiligen Hirsch dieses Waldes zu jagen?"

Idda erkannte mehrere Gesichter als Jäger und Dienstboten der Burg, doch sie nahm sie nur beiläufig wahr, denn auf einem prächtigen braunen Pferd saß Heinrich und starrte sie an, als hätte er ein Gespenst gesehen. Eilig wich sie zwischen die Bäume zurück, doch er trieb sein Pferd voran.

„Idda? Idda, bist du es? Oder bist du ein weiteres Abbild meiner Schuld? Oh Liebste, so du denn wirklich vor mir stehst, so lass mich dir meine Reue aussprechen."

Zögerlich hielt Idda inne. Heinrich hatte sie zwar aus dem Fenster gestoßen, doch er war alt und gram geworden, grau sein Haar und gebeugt seine Gestalt.

„Ich höre."

„Verzeih mir, liebste Idda, dass ich dir Furchtbares unterstellte und dir statt Gelegenheit zur Aussprache den Todesstoß angedeihen ließ. Ich bereue bitterlich, was ich dir damals angetan habe, dir und dem Jäger, der als Unschuldiger durch meine Hand gestorben ist. Ich kann kaum glauben, dass du tatsächlich vor mir stehst. Wie hast du den Sturz nur überlebt? Oder bist du eine Wiedergängerin? Ist dir der Weg in den Himmel verwehrt und du bist für alle Zeiten auf die Erde verbannt?"

„Ich flehte zu Gott und er erhörte mich, als mein Gemahl es nicht vermochte. Seither lebe ich für seine Güte und in seinem Willen."

„So sieht er in seiner unendlichen Weisheit, was wahr ist, weit deutlicher als ich hartherziger Narr, der sein Liebstes wegwarf und seither dafür bezahlt. Ach, liebste Idda, welch ein Freudentag, nun, da ich dich wiedergefunden habe. Komm, steig zu mir aufs Pferd, dann will ich dich heimbringen und dir jede Ehre erweisen, zu der ich fähig bin." Heinrichs Gesicht leuchtete vor Freude.

Iddas Heim waren ihre Höhle und der Wald. An ihr Leben als Gräfin hatte sie schon so lange nicht mehr gedacht, denn Titel und Reichtum waren hier draußen ohne Bedeutung.

„Es freut mich zu hören, dass du die Wahrheit schließlich erkannt hast, Heinrich. Aber ich kann nicht mit dir gehen. Wir sind nicht mehr die, die wir einst waren, dafür ist zu viel geschehen."

„Was? Aber Idda, du kannst doch nicht ernsthaft hier in der Wildnis leben wollen?"

„Der Herr hat mich hierhergeführt, hier will ich bleiben, bis er mich zu sich nimmt."

Das Funkeln in Heinrichs Augen erstarb und Schmerz zeichnete seine Gesichtszüge. „Ist das tatsächlich dein Wille?"

„Ja, das ist er."

„Dann soll es so geschehen."

Heinrich beugte sich schweren Herzens Iddas Wunsch, doch er ertrug den Gedanken nicht, dass sie nur eine Höhle ihr Zuhause nannte. So ließ er ihr eine behagliche Klause bauen, wo er und andere fromme Leute sie besuchten. Idda verbrachte dort noch viele friedliche Jahre, bestärkt von Glauben und Gebet, bis der Allmächtige sie sanft im Schlaf zu sich holte.

***Léonie Kessler*** *schreibt moderne Märchen-Retellings für Erwachsene. Sie lebt seit ihrer Geburt in der Schweiz und verbringt ihre Freizeit gerne mit Singen und Stricken, nicht selten gleichzeitig. Außerdem lädt sie immer wieder Freund*innen und Familie ein, um sie mit Experimenten aus dem Hexenkessel zu überraschen. Sie lebt aktuell leider allein, da ihr Vermieter keine Haustiere erlaubt.*

# Das Grab des Riesen Hulis am Niederrhein

**Eine Sage vom Niederrhein**

Vor langer Zeit, als die Welt noch voller Geheimnisse war, lebte in der Gegend um Krefeld ein mächtiger und böser Riese namens Hulis. Dieser Riese war bekannt für seine Grausamkeit und Gier. Er terrorisierte die Menschen der Region, raubte ihre Vorräte, zerstörte ihre Felder und Scheunen und verbreitete Angst und Schrecken. Die Bewohner lebten in ständiger Furcht vor Hulis und wussten nicht, wie sie sich gegen seine Übergriffe wehren sollten.

Eines Tages beschloss Hulis, die Menschen von Krefeld endgültig auszuplündern, ihre Felder zu verwüsten und sie so in tiefe Armut zu stürzen. Die Menschen hörten davon, waren verzweifelt und wussten nicht, wie sie sich gegen den mächtigen Riesen verteidigen sollten. Doch in ihrer Not wandten sie sich an die Erdmännekes, kleine, aber kluge und tapfere Wesen, die in diesen Zeiten noch am Niederrhein unter der Erde lebten.

Die Erdmännekes waren bekannt für ihren Fleiß, ihre Schläue und ihre Fähigkeit, sich unsichtbar zu machen. Sie hatten die Menschen von Krefeld schon oft beschützt und waren entschlossen, ihnen auch dieses Mal zu helfen. Die Erdmännekes wussten, dass sie den Riesen nicht mit roher Gewalt besiegen konnten, also beschlossen sie, ihre Klugheit und List einzusetzen.

So begannen sie unter dem Boden, auf dem Hulis stand, viele Gänge zu graben. Diese Gänge waren so tief und weit verzweigt, dass der Riese sie nicht bemerkte. Die Erdmännekes arbeiteten Tag und Nacht, gruben und gruben, bis der Boden unter Hulis' Füßen instabil wurde.

An dem Tag nun, als dieser die Menschen von Krefeld endgültig vertreiben und all ihr Hab und Gut an sich nehmen wollte, geschah es: Die Erdmännekes hatten so viele Gänge gegraben, dass der Boden unter seinen Füßen urplötzlich nachgab und der Riese in den Erdboden stürzte. Er schlug sich den Kopf an einem großen Felsen an und starb dort, wo er lag. Und dort, wo er starb, versteinerte er und blieb wie ein Berg in der Ebene liegen, den die Menschen fortan Hulis' Grab, später dann den Hülser Berg nannten.

Die Menschen von Krefeld aber waren überglücklich und dankbar für die Hilfe der Erdmännekes. Sie feierten ihren Sieg und die Befreiung von der Tyrannei des Riesen. So wollten sich die Krefelder bei diesen freundlichen Wesen mit einem Fest und vielen Geschenken bedanken, fanden aber keines mehr vor. Man vermutet, dass der fallende Riese durch die Wucht seines Aufpralls alle Gänge der Erdmännekes einstürzen ließ und dieses kleine Volk jetzt unter ihm im Erdreich gefangen ist und bis heute keinen Ausweg mehr gefunden hat.

Nur selten noch erzählt jemand davon, dass man ein Erdmänneken am Hülser Berg gesehen habe. Aber ihre Geschichte ruft den Menschen am Niederrhein bis heute in Erinnerung, wie Klugheit und Zusammenarbeit oft stärker sind als rohe Gewalt und wie auch die Kleinen Großes schaffen können.

***Christoph Buysch*** *lebt in Krefeld, arbeitet als Lehrer am Berufskolleg und liebt seine Familie, das Musizieren und den Niederrhein. Die besten Tage sind die, an denen das alles seinen Platz findet. Er schreibt gelegentlich für Zeitungen und das Radio über Gott und die Welt.*

# Zwischen Gut und Böse

## Eine griechische Sage

Nachdem Prometheus das Feuer stahl, zürnten die Götter. Sie berieten sich, was sie tun könnten, um den von Prometheus geliebten Menschen zu demonstrieren, dass sie, die Götter, unnahbar und allmächtig waren. Schließlich dachten sie sich eine List aus: Sie erschufen aus Lehm eine Frau nach dem Abbild der Menschen und nannten sie Pandora. Sie gaben ihr eine Büchse und sagten ihr, dass sie diese niemals öffnen dürfe. Pandora nahm das Geschenk an, nicht wissend, was sie mit sich trug, und vergaß die Büchse alsbald.

Die Menschheit gedieh und lebte frei unter dem Himmel, denn in ihrer Welt gab es weder Hunger noch Gewalt noch gar den Tod. Pandora sah das Gute der Welt und freute sich für die Menschheit, die in Frieden ihr Dasein fristen konnte.

Doch mit der Zeit begannen die Menschen, ihre Welt zu verachten. Tagtäglich widerfuhr ihnen nur Gutes, doch sie konnten sich nicht daran freuen. Glück und Frieden verloren ihre Kraft und die Menschheit wurde ins Elend gestürzt. Pandora, betroffen von dieser Entwicklung, wandte sich an die Götter und bat sie um Rat. Die Götter grinsten boshaft auf die junge Frau herab und sagten ihr, dass es nur eine Sache gebe, die Harmonie in die Welt bringen könnte, weigerten sich aber, ihr diese Sache zu verraten.

Erzürnt durch die Boshaftigkeit der Götter wanderte Pandora durch die Welt auf der Suche nach der einen Sache, die die Menschen retten konnte.

Sie wanderte eine lange Zeit, fand jedoch nicht das, was sie suchte. Als sie sich nach einer ihrer Wanderungen in der Nähe ihres Heimatortes wiederfand, erinnerte sie sich plötzlich an die Büchse, die die Götter ihr anvertraut hatten.

Sie betrat ihr altes Haus und fand die Büchse unberührt unter demselben losen Stein, unter dem sie sie verstaut hatte. Die Büchse war aus einem ihr fremden, silbrig glänzenden Material geschliffen und durch schwarze Schnallen verschlossen.

Während Pandora auf dem Boden kniete und die Büchse betrachtete, stiegen Zweifel in ihr auf. Was, wenn diese Büchse nicht das enthielt, was die Menschheit retten konnte? Die Götter hatten sie gewarnt, dass diese Büchse niemals geöffnet werden dürfe. Die Götter hatten sie erschaffen. Aber die Götter hatten sich auch geweigert, ihr zu verraten, wie sie den Menschen helfen konnte.

Tief in miteinander ringenden Gedanken versunken, ließ eine Bewegung, die sie aus dem Augenwinkel wahrnahm, Pandora aufblicken. Ein Schmetterling war auf dem Fensterbrett gelandet und schüttelte anmutig seine bunten Flügel.

Die Schönheit des Wesens erfüllte Pandoras Herz, und sie trauerte darum, dass die anderen Menschen die Schönheit der Welt nicht wertschätzen konnten, weil sie hoffnungslos übersättigt von ihr waren. Dieser Gedanke setzte sich in Pandoras Kopf fest und half ihr, eine Entscheidung zu treffen.

Sie holte tief Luft und löste mit zitternden Fingern die Schnallen der Büchse. Die Büchse begann sogleich zu beben und heraus zischten allerlei düstere Schatten und Gestalten, die zum Fenster hinaus und in die Welt strömten.

Pandora saß ein paar Augenblicke lang starr vor Schock mit der geöffneten Büchse auf dem Schoß da, bevor sie wieder Herrin ihrer Glieder war, die Büchse fest zuschloss und zurück in ihr Versteck schob. Dabei war ihr nicht aufgefallen, wie der Schmetterling sich in der geleerten Büchse niedergelassen hatte.

Die Schatten und Gestalten, die aus der Büchse entflohen waren, überfielen sogleich die Menschheit überall auf der Welt. Manche fielen auf der Stelle um, kein Leben mehr in sich, andere wanden sich in Schmerzen, die sie nie gekannt hatten, oder wurden erdrückt von grundlosem Kummer, der sie überrollte. Die Götter indessen lachten hoch oben auf dem Olymp, denn in der Büchse war alles Böse gefangen gewesen – und Pandora hatte es auf ihre eigenen Mitmenschen losgelassen, so wie sie es geplant hatten als Rache.

Pandora für ihren Teil durchstreifte erneut die Welt, die nun geplagt war von Tod, Schmerz und Kummer. Sie sah viele Dinge, die ihr Herz zum Bluten brachten, und musste einige ihr Nahestehende ihrem Leid erliegen sehen. Als sie nach einer ihrer Wanderungen in die Nähe des Olymps kam und die Götter um eine Audienz bat, ließen diese sie belustigt heraufbringen, denn sie dachten, sie könnten sich nun an Pandoras persönlichem Leid laben.

Doch Pandora lächelte, als sie vor den Göttern stand.

„Kind, was hast du zu lachen?", brummte Zeus. „Du hast das Böse in die Welt gelassen. Deinetwegen wird die Menschheit auf ewig leiden."

Doch Pandora legte dem Gott des Donners die Hand auf den Arm. „Ich wollte euch danken", sagte sie. „Ich habe euch gefragt, was die Menschheit retten kann, und ihr habt mir offenbart, dass dafür Harmonie auf der Welt herrschen muss. Dazu habt ihr mir die eine Sache, die das Gleichgewicht herstellen konnte, selbst geschenkt." Sie sah hinauf in Zeus' Gesicht. „Ja, jetzt gibt es Leid auf der Welt und vorher gab es keins. Aber vorher konnte niemand glücklich sein und jetzt können einige es sein, denn nun ist das Gute etwas wert."

„Aber das Blut eines jeden Toten und Leidenden klebt an deinen Händen!", rief Zeus erzürnt.

Pandora senkte den Kopf. „Dem mag so sein."

Zeus lehnte sich genugtuend in seinem Thron zurück.

„Aber dennoch stehe ich zu dem, was ich getan habe, und würde ich vor die Wahl gestellt, dann würde ich es wieder tun."

Die Götter tuschelten miteinander, erschüttert von Pandoras Worten. Nur auf Zeus' Gesicht breitete sich ein Lächeln aus. „Oh, aber weißt du denn wirklich, was du getan hast?", sagte er mit samtweicher Stimme.

Pandora blickte verwirrt zu ihm auf.

„Ich habe dich gesehen, Menschenkind, als du die Büchse geöffnet hast. Nachdem das Böse entwichen war, hast du die Büchse verschlossen und versteckt. Doch die Büchse war keinesfalls leer. In dem Augenblick, in dem du die Entscheidung getroffen hast, die Büchse zu öffnen, warst du nicht allein."

Pandora runzelte die Stirn, doch dann durchfuhr es sie wie ein Blitz.

„Es war kein gewöhnlicher Schmetterling, der dich dazu bewog, die Büchse zu öffnen", fuhr Zeus genüsslich fort. „Es war Hoffnung, die dich antrieb. Hoffnung, die sich in der Büchse festsetzte, angezogen vom Gestank des Bösen, das sie zu lösen suchte. Und es war Hoffnung, die du in der Büchse eingeschlossen hast."

Die Farbe wich aus Pandoras Gesicht und sie taumelte ein paar Schritte rückwärts, bevor sie auf die Knie sank. „Nein“, flüsterte sie.

„Du bezichtigst mich doch nicht etwa der Lüge?“, donnerte Zeus.

Pandora schüttelte den Kopf. „Dann kehre ich zurück und befreie die Hoffnung“, sagte sie entschlossen.

Doch Zeus lächelte wieder. „Du törichtes Kind. Die Büchse ist schon längst nicht mehr dort, wo du sie gelassen hast. Du vergisst, das Böse regiert nun in der Welt. Deinetwegen.“

„Dann werde ich sie finden!“, rief Pandora und erhob sich.

Zeus lachte. „Mit solch einer Aufgabe verschenkst du dein Leben.“

„Dann war es wenigstens ein bedeutsames Leben.“ Mit diesen Worten kehrte Pandora den hämisch lachenden Göttern den Rücken zu und verließ erhobenen Hauptes den Olymp.

Sie verbrachte den Rest ihres Lebens damit, die Büchse zu finden, die ihr einst anvertraut worden war. Doch so sehr sie sich auch bemühte, sie konnte sie nicht wiederfinden. Als sie den Tod bereits auf sich zukommen sah, erschien ihr Zeus als Vision.

„War es dir wert, all diese Jahre zu verschwenden für etwas, von dem du wusstest, dass du es niemals erreichen würdest?“

„Ich habe nach der Büchse gesucht, ja“, sagte Pandora mit gebrechlicher Stimme. „Und ich habe mir gewünscht, sie zu finden und der Menschheit die Hoffnung zu schenken. Das ist mir nicht gelungen. Und doch kann ich im Tod auf ein erfülltes Leben zurückblicken.“ Sie reckte mit Mühe den Kopf und sah Zeus ein letztes Mal in die Augen.

„Denn für jede Minute, in der ich nach der Büchse gesucht habe, habe ich eine Stunde damit verbracht, die Kunde meiner Suche in alle Ecken der Welt zu tragen. Nicht alle werden meine Suche verstehen, viele werden glauben, es handele sich bei der Büchse um einen kostbaren Schatz und werden vielleicht ihr Leben opfern, um diesen Reichtum zu besitzen. Aber eines Tages wird jemand die Büchse finden und sie öffnen und die Hoffnung freilassen.“

Und da erreichte sie der Tod und das Leben erlosch aus Pandoras Augen.

Zeus schüttelte ihren toten Leib voller Wut, weil er sich von ihren letzten Worten verspottet fühlte.

Er folgte dem Tod bis in die Unterwelt, doch er verlor Pandoras Seele bald aus den Augen und konnte sie nicht wiederfinden. Ihre

Seele konnte nunmehr ruhen, denn sie vertraute darauf, dass die Menschheit eines Tages die Hoffnung wiederfinden würde.

***Maxine Danisch*** *liebt Geschichten jedweder Art, seien es selbst erfundene oder erzählte. Nach ihrem Anglistik- und Germanistik-Bachelor in Heidelberg hat sie Kinderliteratur in Dublin studiert, schreibt aber für Jung und Alt. Sie hat zwei englischsprachige Kurzgeschichten in Anthologien der Creative Writing Group der Universität Heidelberg (2019, Room 333, und 2022, To Life) veröffentlicht und strebt an, die Erschaffung von Welten zu ihrem Beruf zu machen. Die 24-Jährige lebt in NRW. Wenn ihre Nase nicht gerade in einem Buch steckt, ist sie gerne draußen in der Natur oder unter Wasser.*

# Das goldene Tor

**Eine Sage aus der Schweiz**

Meist war er ruhig, die Leute guter Dinge
Doch im Dörfchen Kloten ging die Klage
Dass er zuweilen hübsche Knaben verschlinge

Jeder liebenden Mutter war es bange
Trieb es zum Weiher hin den Sohn
Dass er ein verirrtes Tierchen fange
Um nicht zu verlieren seinen Lohn

Beim Weiher das Gras so hoch und saftig war
Dass jedes Schäfchen dorthin sich beeilte
Und im Abendlicht manch junges Liebespaar
Das zum traulichen Kosen und Küssen verweilte

Nun geschah es an einem besonderen Tage
Dass ein Knabe das Vieh an den Weiher trieb
Und beim Hüten sich quälte mit der Frage
Ob des Nachbars Tochter ihn auch hatte lieb

Da brodelte des Weihers Wasser hoch
Eine wunderschöne Frau erschien
Der Knabe erschrak heftig, doch
Zog es ihn mit Macht zum Ufer hin

Auf ihrer Hand lag ein goldener Ring
Und lockte den Knaben mit seinem Glanz
Noch nie sah er ein so vornehmes Ding
Zum Wasser stetig wich so die Distanz

Da fiel er hinein mit großem Geschrei
Die Frau packte ihn mit kräftiger Hand
Hinab sie ihn zog, an Schlingpflanzen vorbei
In ihrem Griffe er sich vergebens wand

Da gewahrte er gänzlich benommen
Eine große Stadt auf des Weihers Grund
Vor ein goldenes Tor waren sie gekommen
Ein Lächeln verschönerte den Frauenmund

Da ging auf das mächtige Tor ganz weit
Ein junges Mädchen leichtfüßig erschien
Die Frau öffnete die Arme zum Gruße breit
Und der Knabe sank zum weichen Boden hin

Doch sogleich wurde er vom Wirbel erfasst
Und an des Weihers Oberfläche gezogen
Prustend griff er nach dem rettenden Ast
Der sich über den Weiher hatte gebogen

Es gelang dem Vater, ihn zu beleben
So dass nach Haus sie konnten ziehen
Das Geschehene ließ die Mutter erbeben
Doch der Sohn konnte dem Zauber nicht entfliehen

Noch oft ging er zum Weiher im Abendschein
Mit Hoffen und Sehnen auf ein Wiedersehen
Mit der schönen Frau wollte er zusammen sein
Doch verschwunden war die Königin der Feen

Diese Geschichte gar wunderlich erscheint
Wenn man sich heute den Weiher besieht
Denn dort sind Harmonie und Idylle vereint
Wenn ein Vogel über blauen Himmel zieht

***Manuela Klemenz*** *arbeitet seit einigen Jahren an einer Schweizer Hochschule und nähert sich der 60. Wieder angefangen mit dem Schreiben, vor allem von Kurzgeschichten und Gedichten, hat sie vor sieben Jahren. Ihre weiteren Hobbys findet sie im handwerklichen Bereich. Im Juni hat sie erstmals eine Kurzgeschichte veröffentlicht.*

# Enthauptung für Fortgeschrittene

## Eine griechische Sage

Es stinkt schrecklich. Perseus muss all seine Willenskraft aufbringen, um sich nicht zu übergeben. Der Geruch nach Schwefel, Verwesung und weiß Zeus was noch haut ihn beinahe um. Und als ob das nicht genug wäre, hat er ganz nebenbei noch eine Höllenangst, wie er sie noch nie zuvor verspürt hat. Perseus ist kein Angsthase, ganz im Gegenteil. Ein Halbgott hat keine Angst, nie. Erst recht nicht, wenn der göttliche Elternteil Zeus, der Herrscher der Götter, höchstpersönlich ist.

Doch seit einer ganzen Weile schon steht Perseus im Eingang der Höhle, die er seit Wochen sucht, und traut sich nicht hinein. Auch wenn ihm Athene und Hermes ihre Hilfe zugesichert haben und er einen spiegelnden Schild, fliegende Sandalen und eine Tarnkappe bekommen hat, steht er trotzdem hier und macht sich vor Angst in die Hosen. Und das alles nur, weil er seine Klappe nicht halten konnte und vor König Polydektes damit angeben musste, dass er ihm sogar das Haupt der Medusa bringen könnte, dem gefürchtesten Monster ganz Griechenlands.

Und jetzt steht er hier, vor dem Höhleneingang, in dem Medusa mit ihren zwei Schwestern haust. Medusa, die Menschen in Stein verwandelt, wenn man sie nur ansieht.

Er atmet noch einmal tief durch, dann setzt er den ersten Schritt in die Höhle. Er bleibt wieder stehen. Noch einmal atmen und den zweiten Schritt.

Atmen. Dritter Schritt. Atmen. Vierter Schritt.

Je tiefer er in die Höhle kommt, desto dunkler wird es. Bald sieht er nur noch den Glanz seines Schwertes und seines Schildes. Auch der Gestank wird noch intensiver, als er es ohnehin schon ist. Doch Perseus bringt alle Selbstbeherrschung auf, die er hat, und zwingt sich weiterzulaufen.

Plötzlich lässt ein in der Stille ohrenbetäubendes Geräusch die Höhle erzittern. Auch wenn er kaum etwas sehen kann, springt Perseus sofort in Deckung. Da ertönt es noch einmal. Perseus zittert. Aber er versucht sich zu konzentrieren, um das Geräusch zu identifizieren, das nun regelmäßig die Höhle erzittern lässt.

Er hat das Gefühl, er kennt das Geräusch, aber er kommt nicht darauf. Er hört noch ein paar Mal angestrengt hin. Und plötzlich erkennt er es. Das sind Schnarcher! Da schnarcht jemand! Dieses *Jemand* sind dann vermutlich Medusa und ihre Schwestern.

„Das ist ein gutes Zeichen", denkt sich Perseus, „das bedeutet, sie schlafen. Damit ist es wesentlich leichter, sie zu überraschen und zu erledigen." Doch trotzdem lässt ihn der Gedanke erneut erschaudern. Denn das bedeutet, dass er schon ganz nah ist.

Zögernd drückt sich Perseus aus seinem Versteck hoch. Doch plötzlich erstarrt er. Die Form des Steines, an dem er sich hochdrückt, kommt ihm schrecklich vertraut vor. Ganz langsam dreht er seinen Kopf und schaut zu seiner Hand. Und im schwachen Glanz seines Schildes sieht er es: Er drückt sich gerade an einer steinernen Hand hoch!

Erschrocken lässt er los, reißt den Kopf hoch und schaut direkt in ein versteinertes Gesicht! Es ist zu einer Grimasse der Furcht und der endlosen Panik verzerrt, wie er sie noch nie gesehen hat. Er hat zwar schon oft davon gehört, aber er hat noch nie selbst ein Opfer von Medusa gesehen. Spätestens jetzt kann er sich nicht mehr halten und übergibt sich, genau vor die Füße des versteinerten Mannes. Perseus ist elendig zumute. Er hatte nicht erwartet, dass er so eine Angst verspüren kann. Doch jetzt gibt es keinen Weg mehr zurück.

„Ich habe die Hilfe von Göttern", versucht Perseus, sich Mut zu machen, „mir wird es anders ergehen."

Alles in ihm schreit, die Höhle so schnell wie möglich zu verlassen. Doch mit langsamen Schritten, das Schwert und Schild erhoben, geht er weiter und nähert sich den Schnarchgeräuschen. Es wird immer lauter.

Plötzlich merkt Perseus, dass es in der Höhle langsam heller wird. Doch es ist kein Licht von der Sorte, über das man sich freut, sondern eines von der Sorte, das einem alle Haare zu Berge stehen lässt. Perseus läuft weiter. Dann sieht er eine Ecke. Und soweit er es beurteilen kann, muss hinter dieser Ecke die Lichtquelle sein. Dann sind hinter dieser Ecke vermutlich auch Medusa und ihre beiden Schwestern.

Perseus umklammert sein Schwert noch fester. Es ist so weit. Das ist der Moment, in dem er Medusa köpfen wird. Ein Monster, das Opfer nicht nur, wie jedes andere Monster auch, auf normale Weise umbringen kann, sondern, wenn es nicht aufpasst, es nebenbei auch noch zu Stein verwandeln könnte. Entschlossen schaut er seinen Schild an. Ein Geschenk von Athene, der Göttin der Weisheit, höchstpersönlich. Der Schild ist so glänzend, dass er wie ein Spiegel funktioniert. „Du musst immer in den Schild schauen", hatte sie ihm gesagt. „Damit kannst du Medusas Spiegelbild sehen, ohne dass du zu Stein erstarrst."

Auch Hermes hat ihm zwei Geschenke gegeben: fliegende Sandalen und eine Tarnkappe, die ihn unsichtbar macht. Eigentlich wollte er die fliegenden Sandalen gleich anziehen, um schnell flüchten zu können, doch mit ihnen würde er direkt Richtung Himmel schießen, was in einer engen Höhle ungünstig ist. Entschlossen zieht er deshalb die Tarnkappe an. Wenn Hermes die Wahrheit gesagt hat, ist er ab jetzt unsichtbar.

Er hält seinen Schild so, dass er um die Ecke blicken kann. Dort sieht er einen Raum. Er ist groß und von einer schmutzigen, gedämmten Lampe beleuchtet. Und auf dem Boden liegen drei Wesen: die drei Gorgonen. Medusa und ihre beiden Schwestern. Alle drei scheinen tief und fest zu schlafen. Perseus atmet noch einmal tief durch und tritt dann in die Höhle.

Durch den Schild die Gorgonen im Blick haltend, schleicht er sich näher. Jetzt ist er nur noch ein paar Schritte von Medusa entfernt. Er nähert sich immer weiter. Noch zwei Schritte und dann …

Doch plötzlich knirscht etwas. Perseus ist auf einen Stein getreten! Die drei Gorgonen schrecken sofort hoch. Erschrocken stolpert Perseus ein paar Schritte weg. In dieser Sekunde schießen Perseus alle Schimpfwörter dieser Welt durch den Kopf. Denn jetzt muss er gegen drei hellwache Monster gleichzeitig kämpfen, wobei ihn eines nur durch einen Blick zu Stein verwandeln könnte. Perseus glaubt schon, jetzt habe sein letztes Stündchen geschlagen. Doch die Gorgonen schauen sich nur suchend um.

„Na klar", denkt sich Perseus, „ich habe ja die Tarnkappe an!"

Doch da fangen die Gorgonen an, ihre Nase in die Luft zu strecken, und schnüffeln. Plötzlich drehen sich alle Köpfe in seine Richtung. Denn auch wenn sie Perseus vielleicht nicht sehen können, so können sie ihn riechen und jeden Atemzug des Eindringlings hören. Augenblicklich stürzen sie sich in die Richtung, aus der der Geruch kommt. Reflexartig dreht sich Perseus weg und entkommt den scharfen Krallen nur um Millimeter. Erneut stürzen sie sich auf den vermeintlichen Aufenthaltsort von Perseus. Dieser schafft es gerade noch so, aus dem Weg zu springen, und landet genau vor einem Felsen.

Plötzlich hat er eine Idee. Suchend schnüffeln die Gorgonen wieder. Da räuspert sich Perseus. Sofort stürzen sich die Gorgonen wieder in seine Richtung. Doch dieses Mal ist er darauf vorbereitet. Er springt aus dem Weg und die Gorgonen krachen auf den Felsen. Benommen liegen sie am Boden. Und darauf hat Perseus gewartet. Er schaut in den Schild, um zu sehen, wo Medusa liegt, schwingt sein Schwert und lässt es hinabsausen.

Es knirscht scheußlich. Dann ist es still in der Höhle. Zitternd schaut Perseus in seinen Schild und sieht Medusas Kopf – sauber abgetrennt vom Rest ihres Körpers. Aber ohne ihren Körper. Perseus kann es kaum glauben. Er hat es geschafft! Er hat Medusa getötet!

Als er sich gerade siegessicher nach ihrem Haupt bücken will, bewegen sich plötzlich die anderen beiden Gorgonen wieder. Eine schlägt mit ihren Krallen aus. Perseus versucht, auszuweichen, doch er ist nicht schnell genug und sie erwischt ihn an der Backe. Blut rinnt über seine Haut. Perseus stolpert. Als sich wieder eine Gorgone auf ihn stürzt, schwingt er sein Schwert und erwischt sie am Arm. Perseus versucht, aufzustehen, fällt aber wieder hin. Hastig rutscht er, sein Schwert schwingend, rückwärts. Die Gorgonen nähern sich ihm langsam. Da stößt Perseus mit dem Rücken gegen eine Felswand.

„Verflucht!", denkt Perseus.

Die Gorgonen kommen immer näher, gleich haben sie ihn! Hastig schaut er sich um, ob er nicht irgendetwas findet, das ihm helfen kann. Da bleibt sein Blick plötzlich an der Höhlendecke hängen. Ein paar Steine genau über den Gorgonen hängen ziemlich locker.

„Das ist meine letzte Chance", denkt Perseus und wirft, einem Geistesblitz folgend, sein Schwert.

Gebannt beobachtet er, wie sein Schwert zur Decke fliegt und die

Steine trifft! Durch die Wucht des Schwertes lösen sich die Steine endgültig von der Decke. Sie fallen und begraben die Gorgonen unter sich.

Mit neuem Mut springt Perseus auf. Die Steine werden sie nicht ewig aufhalten, er sieht schon eine Kralle, die versucht, die Steine von sich herunterzuschieben. Er darf also keine Zeit verlieren. Er schnappt sein Schwert, seinen Schild und seinen Rucksack und rennt zu der Stelle, an der er Medusa enthauptet hat. Er packt ihr Haupt in seinen Rucksack. Da klackert plötzlich etwas, der erste Stein fällt von dem Haufen und eine weitere Kralle wird sichtbar.

„Nichts wie raus hier!“, denkt Perseus und rennt, so schnell er kann, Richtung Ausgang. Er hört, wie weitere Steine bewegt werden, und zieht sein Tempo noch einmal an.

Nach einer gefühlten Ewigkeit sieht er endlich wieder den Ausgang. Er ist wieder draußen, endlich raus aus der Höhle! Doch noch ist er nicht in Sicherheit! Perseus wirft seinen Rucksack von den Schultern und holt seine geflügelten Sandalen heraus.

Plötzlich kommt ein großes Gepolter aus der Höhle, Schreie und dann schnelle Schritte. Die Gorgonen müssen sich von den Steinen befreit haben! So schnell er kann, zieht Perseus die Sandalen an – und genau in dem Moment, in dem die Gorgonen den Ausgang der Höhle erreicht haben und wutentbrannt nach draußen stürmen, zieht Perseus den letzten Riemen fest und schießt in den Himmel in Sicherheit.

Er hat es geschafft, er hat es wirklich geschafft! Langsam beruhigt er sich wieder. Da stiehlt sich ein Grinsen auf sein Gesicht bei dem Gedanken, was er in seinem Rucksack hat.

„So, Polydektes“, denkt sich Perseus, „ich bin mal gespannt, wie lange du noch lächeln kannst, nachdem ich dir erst Medusas Haupt gebracht habe, bevor es für immer zu Stein erstarrt.“

***Julia Weber*** *wurde 2005 in Süddeutschland geboren und hat es schon immer geliebt, sich Geschichten auszudenken und diese aufzuschreiben. Wenn sie nicht gerade schreibt, spielt sie gerne Badminton oder ist in der Natur unterwegs.*

# Die Mittagshexe

## Eine Sage der Slawen

Bei den slawischen Völkern erzählt man sich, um die Mittagsstunde gehe eine alte Frau im weißen Gewand und mit einer Sichel in der Hand um. Manche sagen gar, sie habe einen Pferdefuß. Nicht viele haben sie gesehen, und noch weniger, die sie gesehen haben, vermögen davon zu erzählen. Denn, so sagt man, die Mittagshexe schneide mit ihrer Sichel all denen den Kopf ab, die die Mittagsruhe nicht achten. Nur wer sich segnet, dem mag es gelingen, ihrem Fluch zu entkommen.

Eines Tages ging eine junge Frau auf die Felder, um den Flachs zu ernten. An ihrer Seite hatte sie ihren Sohn, einen Knaben von fünf Jahren, den sie am Feldrand spielen ließ, während sie ihre Arbeit tat. Als es aber auf die Mittagsstunde zuging und sie sich auf den Heimweg machte, da begann der Knabe zu weinen und zu schreien, denn er wollte von seinem Spiele nicht lassen.

Da sagte die Mutter: „Wirst du wohl still sein, du Balg? So schreien nur Zigeuner. Bald schlägt die Glocke zwölf und das Essen ist noch nicht bereitet. Was wird dein Vater sagen, wenn die Arbeit noch nicht getan ist? Auf, auf, lass Steckenpferd und Holzsoldaten liegen und mach dich auf den Weg nach Hause."

Kaum hatte sie gesprochen, warf sie alles fort, was sie hielt, und der Knabe schrie nur umso lauter. „Eile dich, eile dich!", rief die Mutter. „So schreien nur die, die der gute Geist verlassen hat. Kommst du nicht mit mir, so wird die Mittagshexe dich holen. Siehst du sie schon am Feldrain lauern? Komm nur, Mittagshexe, komm und hol mein unartiges Kind." So sprach sie und erschaute in der Ferne das weiße Gewand der Alten mit dem Buckel.

Die Sichel im Sonnenschein blitzend, so kam die Hexe heran, und ihre Stimme war krächzend wie die einer Krähe, als sie rief: „Sünderin, lass mir dein Kind."

„Oh heiliger Christ“, rief da die Frau, wie sie ihre Verfehlung erkennt, „vergib mir meine Sünden. Niemals kommt die Mittagsfrau und geht, ohne dass einer gestorben ist.“

Das Kind an ihrer Brust, es schrie nicht mehr, als die Mutter weinend in den Schatten unter den Bäumen kroch, weg vom Feld und weg von dem bösen Geist. Doch die verderblichen Worte waren gesprochen, die Hexe beschworen.

Armes Kind, wie magst du dem entkommen! Schon streckte die Hexe ihre Hände aus, streckte sie nach dem Kinde und die Mutter hielt es nicht mehr. Zu den Wundmalen des Herrn Christ betete sie und vermochte das Kind doch nicht zu retten.

Besinnungslos sank sie zu Boden und erst als die Uhr zur ersten Stunde schlug, kam der Vater aus dem Hause, nach seiner Frau und seinem Kinde zu schauen. Doch oh weh, was musste er sehen. Die Mutter, ja, sie atmete noch und kam auch bald zu Sinnen. Das Kind jedoch, so fest sie es in ihrer ganzen Liebe an ihren Busen presste, war längst von hinnen gegangen.

Noch heute sagt man im Scherz zu jedem, der ohne Not in der Mittagshitze auf dem Felde arbeitet: „Fürchtest du nicht, dass die Mittagshexe kommen und dich holen wird?“

Ein andermal erzählt man sich, habe eine Wöchnerin die Mittagsstunde nicht geachtet. Zwei Tage nachdem sie von einem Sohn entbunden hatte, verließ sie zur Mittagszeit das Bett. Da kam als Wirbelwind geschwind die Mittagshexe daher und nahm das Kind mit sich und tauschte es gegen einen Wechselbalg aus. Die Mutter ahnte nichts von dem Betrug und meinte, das Kind sei ihr eigenes. Über die Jahre hegte und pflegte sie es, wie nur eine Mutter ihr Kind lieben kann, doch es zeigte bald sein bösartiges Wesen. Hund und Katze hatten wohl unter ihm zu leiden wie die Hühner auf dem Hofe und die Schafe auf der Weide. Des Nachts schrie es, dass man nicht schlafen konnte, und am Tage war es unleidlich und garstig.

Wie die arme Mutter darüber verzweifeln wollte, holte sie sich Rat bei einer weisen Frau. Und die sagte: „Braue in vierundzwanzig Eierschalen Bier.“

Die Mutter tat, wie ihr geheißen, und wie der Balg das sah, da sagte er: „Wohl habe ich von meinem Vater gelernt, dass aus dem

Korn die Ähre wächst und aus der Eichel die Eiche. Doch nie habe ich gehört, dass man in Eierschalen Bier braut."

Da wusste die Mutter, dass sie über all die Jahre einen Wechselbalg genährt hatte. Sie legte eine Schaufel ins Feuer, und als diese glühte, ließ sie den Balg darauf fallen und noch ehe sie es sich versah, war seine Seele durch den Kamin entflogen. Noch im selben Augenblick kehrte ihr eigener Sohn zurück und klopfte an die Tür, als wäre nicht ein Tag vergangen.

Noch heute warnt man eine Wöchnerin, nicht über die Mittagshitze aus dem Haus zu gehen.

Auch erzählt man sich, die Mittagshexe strafe all jene, die nicht reinen Herzens sind. Dann erscheint sie ihnen auf dem Feld und stellt ihnen unzählige Fragen über die Flachsernte oder die Leinenweberei, und wer die Fragen nicht zu beantworten und sie mit seiner Kurzweil zu unterhalten vermag, dem tut sie ein Leid an.

Eines Tages lag ein junges Bauernmädchen zur Mittagsstunde im Grase und schlief. Ihr Bräutigam saß bei ihr, doch war er ihr nicht in Liebe zugetan, sondern sann darüber nach, wie er sich ihrer entledigen könnte. Als die Uhr zwölfe schlug, kam die Mittagshexe herbei und stellte dem Burschen so viele Fragen, wie er sein Lebtag noch nicht gehört hatte. Doch er vermochte keine einzige zu beantworten, denn er stammte aus gutem Hause und die schwere Arbeit auf dem Felde war ihm fremd. Nichts wusste er von der Flachsernte und der Leinenweberei. Immer mehr und mehr Fragen warf die Mittagshexe auf, bis die Uhr zur ersten Stunde schlug. Augenblicklich stand sein Herz still, denn die Mittagshexe hatte ihn zu Tode gefragt.

Wie auch das Mädchen die Augen aufschlug, da lag neben ihr totenbleich der, den sie geliebt. Und weil sie nicht wusste, was er in seinem Herzen barg, weinte und klagte sie Tag um Tag um den, der ihre Liebe nicht verdiente. Darüber wurde sie bald so krank und schwach, dass sie schließlich auch verstarb und man sie neben dem Jüngling zur letzten Ruhe bettete.

Noch heute sagt man zu einem neugierigen Mädchen: „Sie fragt wie die Mittagshexe."

In einem anderen Dorf gab es einen Bauern, der hütete in seinem Gärtchen ein Pferd. Als am Sonntag die Hitze am größten war, schlief er ein und lag da wie reglos bis zur Mittagsstunde. Da kam die Hexe und biss dem Pferd den Kopf ab. Und wie der Bauer nach einer Stunde wieder erwachte, war der Kopf des Pferdes weg. So meinte er, die Mittagshexe habe ihn für tot gehalten und statt seiner dem Pferd den Kopf abgerissen. Zum Dank für seine Rettung sprach er ein Gebet zum Herrn Christ und lief eilends nach Hause.

***Adrian Schwarzenberg*** *wurde 1982 in Bautzen geboren. Er ist Autor und Übersetzer.*

# Dem Heiligen Panteleimon auf der Spur

## Eine griechische Sage

Das war jetzt doch noch eine abenteuerliche Fahrt geworden. Dabei hatte alles einen so beschaulichen Anfang genommen. Erst von der nordgriechischen Hafenstadt Kavala – das Auto im Bauch der Fähre verstaut – gemächlich auf die etwa 20 Kilometer entfernte Insel Thasos tuckern. Dort ging es die ersten zehn, zwölf, fünfzehn Kilometer auf Straßen vorwärts, welche auch nach mitteleuropäischen Maßstäben diese Bezeichnung verdienen. Aber dann führte der Weg über eine Holperpiste mit Schlaglöchern, Querrinnen und Spalten bergauf. Gesteinsbrocken mussten umkurvt werden, vorbei an von Waldbränden malträtierten Bäumen, in denen sich schon wieder Lebensgeister regten. Erste zarte Rispen reckten ihre Köpfe aus schwarzen Stämmen und Ästen in die Höhe.

Nach gut einer Viertelstunde holterdiepolter war es schließlich geschafft. Wir standen auf einem etwa 700 Meter über Meer gelegenen Hügel vor dem Kloster des Heiligen Panteleimon. Der Ausblick auf die Insel und den Golf von Kavala war prächtig, und die Begrüßung von Schwester Damaris herzlich.

Vorbei an der Klosterkirche und weiteren Gebäuden gingen wir als Erstes in eine Grotte, wo aus einer Quelle – Panteleimon sei Dank – heiliges Wasser sprudelt. Hier pilgern die Gläubigen hin, um für Genesung zu beten und vom Heiligen Wasser mitzunehmen. Ob man es einreibt oder trinkt, Schwester Damaris wusste von keinem Gebrechen, gegen welches es nicht helfen sollte. Klar, der Gottesmann war ja auch Arzt.

Um 275 nach Christus soll er in Nikomedia, der heutigen, am Marmarameer gelegenen türkischen Stadt Izmit, zur Welt gekommen sein. Seine Eltern, der heidnische Vater Eustorgius und die christliche Mutter Eukuba – welche von den orthodoxen Christen ebenfalls als Heilige verehrt wird – gaben ihm den Namen Pantaleon, der Löwenhafte. Als er zum Tode verurteilt wurde, verkündete bei seiner Hinrichtung eine Stimme aus dem Himmel: „Von nun an sollst du nicht mehr Pantaleon, sondern Panteleimon – was für Allerbarmer steht – heißen."

Dass er ein *besonderer Junge* war, zeigte sich schon in seiner Kindheit. Das erste Mal manifestierten sich durch den Knaben Heilkräfte, als er ein durch einen Schlangenbiss gestorbenes Kind vom Tod erweckte.

Bei Euphrosynus, dem Leibarzt von Kaiser Konstantin dem Großen, ließ sich Pantaleon in der ärztlichen Heilkunst und -kunde ausbilden. Der Priester Hermolaus lehrte ihn den christlichen Glauben und taufte ihn. Sein Vater fand zum Glauben an Christus, als Sohn Pantaleon durch die Anrufung Christi einen Blinden sehend machte. Es war einer von vielen Kranken, die durch Pantaleon gesund wurden. Meist geschah das durch vorzügliche Ärztekunst, Kräuter und Salben – und kostenlos. Hie und da – wie bei diesem Blinden – aber auch durch göttliches Wirken durch ihn.

Über seine Tätigkeit als Arzt hinaus war Pantaleon – heute würde man wohl sagen – sozial engagiert. So soll er einer Witwe, deren Mann ihr nach seinem Tod einen Berg von Schulden hinterlassen hatte, diese durch einen Teil seines Erbes beglichen haben.

Pantaleons segensreiches Wirken rief auch Neider auf den Plan. Sie verunglimpften ihn bei Kaiser Diokletian. In den von diesem veranlassten Christenverfolgungen – den schwersten während der Epoche des Römischen Reiches – wurde auch Pantaleon ein Opfer. Selbst seine Stellung als Leibarzt des Kaisers vermochte ihn nicht zu schützen und er wurde vor Gericht gestellt. Dort weigerte sich Pantaleon, seinem Glauben abzuschwören. Er wurde eingekerkert, gefoltert und schließlich im Jahr 305 n. Chr. hingerichtet.

Pantaleon wurde zum Richtplatz geführt, um enthauptet zu werden. Da geschah der Legende nach ein Wunder. Anstatt Blut soll nach dem Schwertschlag Milch aus der Wunde geströmt sein – als Zeichen für seine Reinheit und Heiligkeit. An der Stelle des Martyriums von Pantaleon wuchs ein Olivenbaum, der fortan reiche Frucht trug.

Beim Abschied drückte Schwester Damaris jedem von uns ein weißes, karaffenförmiges Plastikfläschchen mit Wasser aus der Grotte in die Hand. Umsonst. Wir bedankten uns. Man kann ja nie wissen ...

*Portalanschrift des Klosters: Diese bedeutet Aigos Panteleimon / Heiliger Panteleimon.*

***Hans Peter Flückiger,*** *geboren 1952, lebt in CH-Solothurn. www.geschichten-gegen-langeweile.com.*

# Wie der Schinderhannes die Gendarmen narrte

### Eine Sage aus dem Taunus

Im Taunus wurde einmal einer geboren, der hieß Johannes Bückler. Gegen Ende des 18. Jahrhunderts muss das gewesen sein. *Schinderhannes* hat man ihn genannt. Keineswegs war er einer der Guten, es hatte seine Gründe, dass die Gendarmerie ihn tagein, tagaus auf Schritt und Tritt verfolgte, um sein Treiben zu stoppen. Denn auch wenn er in jungen Jahren einen Beruf zu erlernen versuchte, war sein Hauptgeschäft doch die Räuberei. Weit und breit war er gefürchtet, bei den Armen wie bei den Reichen. Eine ganze Liste an Schandtaten, Überfällen und Räubereien konnte ihm bis heute zugeschrieben werden – und doch kursieren nach wie vor reißerische Legenden, die ihn als spitzbübigen, gewitzten Gauner erscheinen lassen.

Einmal, so soll es sich zugetragen haben, saßen einige Männer des Abends in einer kleinen Dorfkneipe in der Gegend, in der er sich herumgetrieben haben soll. Sie zechten, schwatzten über den neuesten Tratsch und tranken mehr Wein, als ihnen bekommen sollte.

Der Wirt war für den Abend äußerst zufrieden, als mit einem Mal die Türe aufschwang und zwei Gendarmen, vom langen Tag schon ganz abgehetzt und müde, hereingeplatzt kamen und nach zwei Schnäpsen verlangten, um wieder auf Touren zu kommen. Sie seien dem berüchtigten Schinderhannes dicht auf den Fersen, hätten ihn bald in ihren Fängen, bräuchten aber doch eben etwas Gutgegorenes, um wieder zu Kräften zu kommen.

Nicht nur der Wirt, auch die zechenden Männer hörten den uniformierten Gästen belustigt zu und luden sie ein, etwas von dem Wein bei Tische zu trinken. Den Schinderhannes, lachten sie, würden die beiden so schnell ohnehin nicht fangen.

Die beiden Gendarmen ließen sich auf die Einladung ein und wurden Teil der zechenden, schwatzenden und trinkenden Runde, bis sie völlig in das Treiben in der Männerrunde vertieft waren.

Nach einiger Zeit stand einer unter ihnen auf. Er war nicht besonders groß, hatte eine für sein Gesicht etwas zu große Nase und trug die blonden Haare im Nacken zum Zopf zusammengebunden. Er verabschiedete sich von den Männern und den Gendarmen, habe für den Abend noch eine Erledigung zu tätigen, sagte er und ging, den Wirt grüßend, zur Türe hinaus.

Wenige Augenblicke später wurde einer der Gendarmen jäh im Berichten einer besonders gefährlichen Räuberjagd im dunklen Walde unterbrochen, als von draußen her mit einem Mal schallendes Lachen erklang.

Vor der Kneipe stand der Mann, der soeben die Runde verlassen hatte. Mit Tränen in den Augen rief er den beiden Gendarmen zu: „Besonders eifrig im Dienst seid ihr beiden. Wenn das der Hauptmann wüsste!“ Vor Lachen bekam er sich kaum noch ein. „Wollt dem Schinderhannes dicht auf den Fersen sein, aber bemerkt nicht, wenn ihr einen ganzen Abend mit ihm bei Tische sitzt und mit ihm Wein sauft! Angenehmen Abend, die Herren!“ Mit diesen Worten drehte er um und lief in den Wald davon.

Die Gendarmen erkannten ihren Fehler, sprangen auf und stürzten zu ihren Pferden, um ihm zu folgen. Doch der schlaue Schinderhannes hatte die Gurte der Sättel durchtrennt und dank des Weines, der den Männern den Gleichgewichtssinn geraubt hatte, fielen sie sogleich auf der anderen Seite wieder herunter, als sie versuchten, auf den Rücken der Tiere zu steigen.

Lange hallte ihnen das Lachen des gefürchteten Räubers in den Ohren nach, doch bis es einem gelingen sollte, ihn zu fangen, würden noch einige Zeit und einige Schandtaten ins Land gehen.

*__Paula Nick,__ geboren im Jahr 2005, lebt in Leiningen auf dem schönen Hunsrück und verfasst Geschichten schon, seit sie des Alphabets mächtig ist. Anfangs waren es eher Geschichten aus dem Alltag, heute schreibt sie vorwiegend blutige Thriller und Krimis. Hin und wieder versucht sie sich aber auch gerne an anderen literarischen Gattungen und Themen, um mehr über das Schreibhandwerk zu lernen. Denn sie schreibt für ihr Leben gern und liebt es, andere an ihrer Fantasie teilhaben zu lassen.*

# Unter dem Vollmond: Jolande

## Sage über die Vollmondfee

Im Wald unter der Mondscheibe, auf dem Blätterbett sanft schlafend. Der Weltkriegsbunker liegt nebenan. Du schläfst schon seit Stunden den Schlaf des Tüchtigen. In deine Traum-Gedanken dringt jemand ein.

Von ferne das Geheul. Und du bist erwacht. Um richtig wach zu werden, setzt du dich aufrecht auf die Blätter. Dann erblickst du auch schon die große Scheibe am Nachthimmel. Die Himmelsscheibe von Nebra ist es jetzt, an die du dich erinnerst.

„Ich muss los!"

Ein weißer Umhang liegt bei der alten *Eiche des Zorns* – so nannten die Urväter diesen riesigen Baum. Es ist recht kühl in dieser Nacht. Schon wirfst du ihn dir über.

Das ferne Geheul der Wölfe! Du siehst – in Trance durch den Wald gehend – all das Geschehene. Trägst als Nachgeborener die Vergangenheitslasten mit. Noch im Mai 45: Tod um Tod, die Wellen der Anstürmenden kamen über die Wiesen, Weiden und Felder. Auch hier durch den Wald dröhnten Panzer. In dir ein wiedererwecktes Geschehen!

Am Boden zerstört war die Welt, doch ist sie seit Jahrzehnten auferstanden. Der Frieden ist es, um den es geht.

Als in dir noch mehr Erinnerungen aufleben, setzt du dich auf den alten Betonquader und suchst, wie so oft, nach Antworten. Geschichte bewegte und bewegt. Sie kann nicht verschwinden. Es ist an der Zeit: Wo ist die Liebe angesichts eines solchen Grauens?

Der Mensch will doch endlich frei sein von allem, was so sehr belastet. Das, was in der Vollmondnacht zur letzten Erkenntnis der Liebe führen könnte, willst du kennenlernen. Oder nicht?

Es reicht nun einmal nicht, nur ein Suchender zu sein. Jetzt kommt allerdings jemand, vielleicht ein Antwortengeber …

Du hörst aber keine Stimme, lediglich schwache Gehgeräusche in der Nacht.

Ein wenig beginnst du dich zu fürchten, unterdrückst das aber. Die Wölfe scheinen sich entfernt zu haben. Ist das jetzt vielleicht die Vollmondfee Jolande, die, nach alter Sage, die Beladenen, Fehlgeleiteten und Unterdrückten stets zu retten trachtet? Die Vollmondfee, als eine Fee der guten Taten, besuchte wohl schon so einige Menschen. Nun ja, so recht kannst du daran nicht glauben, sogar jetzt nicht. Am liebsten würdest du in den Schlaf zurückfallen, um diese Spannung nicht ertragen zu müssen.

Eine Flucht von hier wäre sinnlos. Also gehst du einfach weg, hinter den Weltkriegsbunker. Es sind einige Baumstümpfe zu finden, auf denen früher einmal Kinder saßen und spielten.

Der Vollmond schenkt dir ja eine gute Sicht. Es ist so, dass du hier wegen der Fläche im Raum einen Überblick erhältst. Du sitzt schon bald auf einem der Stümpfe und grübelst vor dich hin, während die Furcht doch größer und größer wird. Dann ist es so weit: Diese Jolande zeigt sich in diesem Moment in Konturen …

„Wage es nicht, zu rebellieren: Du bleibst der Geist, der du in dieser Nacht geworden bist, und zwar für lange Zeit!“

„Aber ich bin doch kein Geist, Jolande!“, wirft der Nachtgeweihte der Fee entgegen, die das aber gar nicht überrascht. Seine Furcht ist verschwunden.

Jolande ist viel größer als jeder andere Mensch auf der Erde. Ihr obliegt es, sagt man, die Menschheit zum vollendeten Guten zu führen, eine Menschheit, die davon bisher weit entfernt ist, auch nur ansatzweise im Stande des Guten zu sein.

Nur Feen und Göttinnen wissen um die Güte und das Gut-Sein im Leben der Menschen. Es wird kein Mensch je irgendeine tragende Erkenntnis haben können! Jeder treibt im Einerlei der platten Meinungsbildung und eines schmalen Wissensfundus. Überhaupt ist die Meinung fast nichts. Aber für das Erkennen der Dinge und Lebewesen bedarf es nun einmal der inneren seelischen Vollendung einer Existenz, was bloß eine Göttin wie Jolande durch ihre Zauberkräfte für sich selbst zu ermöglichen wusste und weiß. In der Zwischenwelt ist sie bedeutend und sehr beliebt.

Diese Zwischenwelt ist es, die du gerade betreten hast. In dem ersten Moment der Begegnung mit Jolande hast du das Bewusstsein über diese Zwischenwelt erhalten. Du, der Geistmensch! Jolande wird dich führen, auch wenn du das vielleicht nicht willst. Gewissermaßen hat sie jetzt Macht über dich!

In der Nacht des Vollmondes wirst du alles finden, wonach du jemals suchtest.

***Kay Ganahl,*** *Jahrgang 1963 mit dem Lebensmittelpunkt Solingen/NRW, von Beruf Diplom-Sozialwissenschaftler und Schriftsteller, begann in jungen Jahren, sich mit Literatur, Politik und Philosophie auseinanderzusetzen, sodass es selbstverständlich war, diese Interessen mit dem Studium der Sozialwissenschaften an den Universitäten-Gesamthochschulen Wuppertal und Duisburg weiter zu verfolgen. Dort studierte er in der Studienrichtung Politische Wissenschaft schwerpunktmäßig politische Theorie und Philosophie, Ideengeschichte sowie Sozialphilosophie (Nebenfächer Soziale Arbeit/Erziehung und Psychologie).*

# Das Frauchen von Stavoren

**Eine Sage aus den Niederlanden**

**Vor langer Zeit**

Endlich! Wie lange hatte sie diesen Moment herbeigesehnt. Jetzt lag die gesamte Flotte im Hafen vertäut und auf dem Pier drängte sich das Volk, um die Seeleute nach der langen Reise willkommen zu heißen.

Der Kapitän des Flaggschiffes kam mit großen Schritten auf Annemieke zu. Jasper wirkte erschöpft und doch strahlte er Siegessicherheit aus. Sollte er tatsächlich die Mission, die sie ihm aufgetragen hatte, erfüllt haben? Alle Augen waren auf ihn gerichtet.

„Meine Herrin! Wir sind Eurem Befehl gefolgt und haben nach der allergrößten Kostbarkeit Ausschau gehalten", sagte er. „In Danzig sind wir tatsächlich fündig geworden."

Ein Raunen ging durch die Menge.

„Folgt mir in den Frachtraum, dann zeige ich Euch das wertvolle Gut", forderte er Annemieke auf.

Sie schüttelte angewidert den Kopf. „Ich werde mir doch nicht auf dem schmutzigen Schiff Schuhe und Kleid ruinieren!", protestierte sie. „Heraus mit der Sprache! Was habt Ihr mir mitgebracht?"

Jasper strahlte nun über das ganze Gesicht. „Weizen!", antwortete er.

Weizen? Annemieke dachte, sie hätte sich verhört.

„Die beste Qualität, die es derzeit auf dem Markt gibt", fuhr Jasper fort. „Das Korn wird auf unseren Feldern prächtig gedeihen und das Volk wird monatelang keinen Hunger leiden."

Annemieke hatte mit allem gerechnet: Goldbarren, Juwelen, kostbaren Gewändern. Aber Weizen? Für ihr Volk?

„Was fällt Euch ein? Eine Ewigkeit seid Ihr über die Meere gesegelt. Auf meine Kosten", schnaubte sie.

Als sie weitersprechen wollte, trat ein alter Mann aus der Menge hervor und rief: „Auf Kosten Eures verstorbenen Gemahls."

Sie ignorierte die Bemerkung und baute sich drohend vor Jasper auf. „Ich will den blöden Weizen nicht! Kippt die gesamte Ladung ins Meer!"

Der Kapitän sah aus, als wäre er zur Salzsäule erstarrt.

„Was für eine Verschwendung!", polterte der Alte. „Undankbares Weibsstück! Bestraft werden sollt Ihr für Euren Hochmut. Es wird eine Zeit kommen, in der Ihr an den Bettelstab geratet."

Annemieke stemmte die Hände in die Hüften und ging einen Schritt auf Jasper zu. „Nun macht schon! Worauf wartet Ihr noch?"

Er drehte sich schweigend um und stapfte aufs Schiff zurück. Kurze Zeit später hörte sie den Weizen ins Wasser rauschen. Entsetzen stand den Menschen ins Gesicht geschrieben.

Annemieke zog ihren goldenen Ehering vom Finger und warf ihn im hohen Bogen ins Hafenbecken. Dann wandte sie sich an das Volk. „Nur wenn dieser Ring wieder auftaucht, werde ich am Bettelstab gehen. Merkt euch das!"

Wochen später – Annemieke hatte Jasper längst aus dem Dienst entlassen – ging die Flotte erneut auf große Fahrt. Auch dem neuen Kapitän hatte sie den Befehl erteilt, etwas ganz besonders Kostbares herbeizuschaffen. Sie war zwar vermögend und wohnte im prunkvollsten Haus der Stadt, aber das reichte ihr nicht.

An einem warmen Spätsommertag trat Annemieke wie so oft vors Haus, um in die Ferne zu blicken. Auf einer Sandbank erkannte sie zahlreiche Halme mit Ähren, die im Wind zu tanzen schienen. Was kümmerte es sie? Der neue Kapitän würde es nicht wagen, mit gewöhnlichem Getreide zurückzukehren.

Plötzlich kam Geertje aus dem Haus gestürmt. Die Magd war kreidebleich. „Meine Herrin, meine Herrin!", rief sie. „Ihr glaubt es nicht!"

Annemieke wartete genervt darauf, was die dumme Gans zu berichten hatte. War ihr das Mittagessen angebrannt?

„Ich wollte Euch einen besonders großen Fisch zubereiten", fuhr Geertje fort.

„Ja, und?"

„Ihr … Ihr glaubt nicht, was ich im Bauch des Fisches gefunden habe."

Eine böse Ahnung beschlich Annemieke. Statt einer Antwort hielt die Magd mit zitternden Fingern einen goldenen Ring in die Höhe.

Annemieke erkannte das Schmuckstück auf Anhieb. „Wenn Ihr jemandem davon erzählt, werde ich Euch auf der Stelle entlassen und dafür sorgen, dass Ihr nie mehr eine Anstellung findet", zischte sie.

Geertje gab ihrer Herrin den Ring und ging mit gesenktem Haupte zurück in die Küche.

Wenige Tage später verspürte Annemieke beim Aufwachen starke Kopfschmerzen. Sie gab nichts um Vorahnungen und doch hatte sie das Gefühl, dass etwas Schlimmes passiert war. Kaum hatte sie sich zurechtgemacht und den Salon betreten, kam ihr ein Bote entgegen.

„Meine Herrin! Es gab ein furchtbares Unglück auf See!", schrie er. „Eure gesamte Flotte ist in einem Orkan gesunken."

Annemieke redete sich ein, dass es nichts mit dem Auftauchen des Ringes zu tun haben konnte. Nichtsdestotrotz ging es fortan steil mit ihrem Wohlstand bergab. Als sie schließlich bettelnd durch die Straßen zog, bildete sich eine Menschentraube um sie. Mittendrin der alte Mann. Böse Blicke und Hohn waren alles, was sie von ihrem Volk noch zu erwarten hatte.

## Vor nicht allzu langer Zeit

„Fiona! Gut, dass ich dich treffe! Seit Stunden renne ich durch die Stadt. Ich war in so ziemlich jedem Geschäft der gehobenen Preisklasse, aber ich habe immer noch nichts gefunden."

„Hi Natalie! Du bist ja total durch den Wind", stellte Fiona fest. „Komm! Wir gehen auf einen Espresso zu Luigi. Und dann erzählst du mir, was los ist."

Während sie an ihrem Heißgetränk nippten, fühlte sich Natalie sofort besser und in ihr keimte die Hoffnung auf, dass Fiona Rat wüsste.

„Was suchst du überhaupt?", fragte sie.

„Etwas … etwas … Einzigartiges", stammelte Natalie. „In vier Wochen muss ich Oswald zu einer Spendengala begleiten. Da trifft sich vermutlich die gesamte High Society. Ich brauche ein extravagantes Outfit. Preis spielt keine Rolle. Oswald lässt sich da nicht lumpen." Sie grinste.

HAVENMEESTER

Fiona zückte ihr Smartphone. „Lass mich mal im Internet schauen. Da finden wir bestimmt was für dich."

„Auf die Idee bin ich selbst schon gekommen. Kannste vergessen. Außerdem habe ich etliche Designer kontaktiert. Entweder sind sie mit Aufträgen überfrachtet oder ihre Klamotten sind für Magermodels gemacht."

Fiona hob ruckartig den Kopf. „Ich habe eine Idee!", rief sie und strahlte. „Wir rufen Danilo Costa an. Er hat mein Brautkleid entworfen. Danilo ist ein Meister seines Faches. Du wirst begeistert sein." Fiona tippte wild auf dem Display ihres Smartphones herum. Dann hatte sie den Designer offenbar in der Leitung und reichte Natalie kurz darauf den Hörer. Zu ihrem Entzücken hatte Danilo am nächsten Tag ein wenig Zeit, um Maß zu nehmen und einen ersten Entwurf anzufertigen.

Vier Wochen später betrat Natalie in einem Traum aus hellrotem Tüll und Seide an Oswalds Arm die Lobby des Hotels, in dem die Spendengala stattfand. Farblich harmonierende Pumps sowie eine todschicke Handtasche hatte sie in ihrer Lieblingsboutique zu astronomischen Preisen erstanden. Natalie fühlte sich wie eine Königin.

Leider währte das Glück nicht lange, denn plötzlich rauschte Diana, die Schirmherrin der Veranstaltung, an ihr vorbei. Natalie stockte der Atem. Diese Bitch trug tatsächlich ein nahezu identisches Kleid! Allerdings wirkte es in Mintgrün noch aparter und Dianas üppiges Dekolleté kam besser zur Geltung als ihr eigenes. Natalie machte auf dem Absatz kehrt und stürmte nach draußen. Sie war so enttäuscht, hatte sie doch erwartet, der Eyecatcher des Abends zu sein.

Rasch wählte sie Fionas Nummer. „Du glaubst nicht, was passiert ist", heulte Natalie in den Hörer. „Der Fummel war kein Unikat. Bestimmt hat dein Danilo es in Serie gefertigt."

„Ach, beruhige dich. Du hast wahrscheinlich überreagiert."

„Was unterstellst du mir?", zischte Natalie. „Für mich ist der Abend gelaufen. Ich werde das Teil in tausend Stücke reißen."

„Du kannst es doch in die Altkleidersammlung geben", schlug Fiona vorsichtig vor.

„Bestimmt nicht! Und mit dir und deinem Stardesigner bin ich durch." Natalie beendete das Gespräch. Sie spürte Tränen über die Wangen laufen. Während sie verzweifelt nach einem Taxi Ausschau hielt, riss sie sich das Goldgeschmeide vom Hals, das Oswald ihr vor

Kurzem geschenkt hatte. In hohem Bogen warf sie es in den nahe gelegenen Fluss, damit diese Kette sie niemals mehr an den verkorksten Abend erinnern würde.

Als Natalie ein paar Tage später in die Zeitung schaute, fiel ihr eine Überschrift ins Auge.

*Obdachlose findet wertvolle Kette am Flussufer und bringt sie ins Fundbüro.*

Weiter las sie nicht. Frust stieg in ihr hoch. Offenbar war sie nicht einmal in der Lage, eine blöde Kette im Wasser zu versenken.

Eines Abends kam Oswald früher als üblich von der Arbeit nach Hause. Er wirkte aufgekratzt. Irgendetwas war im Busch. Es dauerte eine Weile, bis er mit der Sprache herausrückte. „Ich muss dir was sagen. Bitte flipp jetzt nicht aus! Ich habe mich auf der Spendengala in eine wunderbare Frau verliebt."

„Wie alt?", hauchte Natalie starr vor Schreck.

„Was soll die Frage?", schnaubte er. „Gut, wenn du es genau wissen willst: Diana ist älter als du. Du kennst sie. Sie hat damals die Gala organisiert. Du warst ja so schnell weg und da habe ich mich lange mit ihr unterhalten. So eine toughe und kluge Person." Er lächelte versonnen. Dann drehte er sich um und rief: „So! Und jetzt gehe ich packen."

Ein kleiner Trost war, dass Natalie im Haus wohnen bleiben durfte. Zumindest bis zur Scheidung. Wie hatte sie so dumm sein und bei der Hochzeit der Gütertrennung zustimmen können?

Natalie blieb nur die Kette, die sie inzwischen vom Fundbüro abgeholt hatte. Aber ihre finanzielle Zukunft sah sehr düster aus.

***Monika Arend,*** *geboren 1964 in Köln, lebt mit ihrem Mann im Oberbergischen Land. Sie verfasst kurze und lange Geschichten in diversen Genres. Monika Arend fährt gerne Mountainbike und ist sehr naturverbunden. Im Juni 2024 wurde ihr Krimi „Abgrundtiefe Algarve" im Herzsprung-Verlag veröffentlicht, wie zuvor auch ihre Romane „Auszeit in die Liebe", „Einmal Steinzeit und zurück …" und „Ruhe sanft am IJsselmeer". Weitere Infos: www.monika-arend.de*

# Von schlafenden Riesen und kopflosen Priestern

### Eine Sage aus Sardinien

Heute werde ich euch in die südwestliche Region Sardiniens entführen. Diese wunderschöne Insel im Mittelmeer birgt viele Geheimnisse, Bräuche, sagenhafte Kreaturen und Geschichten.

Zio Bruno, einer der Dorfältesten aus Arbus, kann vieles über Legenden, Riten, Magie und sogar über Flüche erzählen. Noch heute sucht man ihn auf, wenn herkömmliche Medikamente nicht wirken oder man den Verdacht hegt, von einem Fluch befallen zu sein. Oft hilft schon einer seiner Brebus, jene magischen Sprüche, die man nicht nur gegen den bösen Blick anwendet, sondern auch bei anderen Krankheiten, Flüchen oder zum Schutz gegen das Böse einsetzt. Diese mächtigen Formeln halten sogar jene blutrünstigen Hexenwesen namens Cogas fern, sollten alle anderen getroffenen Vorkehrungen diese nicht aufhalten.

Zio Bruno kennt viele sagenumwobene Orte wie beispielsweise den Berg Arcuentu, der in Wahrheit ein schlafender Riese ist. Hier kann man angeblich Dämonen beschwören, die einem den Verbleib von verlorenen oder gestohlenen Gegenständen verraten oder Nachrichten von Verstorbenen überbringen. Aber auch verbirgt sich hier ein Schatz, welcher nur von einem jungen Liebespaar am Vortag der Hochzeit gefunden werden kann. Das Paar muss dazu um Mitternacht auf den Berg hinaufsteigen. Nur dann wird es die Hexe treffen, welche auf ihrem Karren angefahren kommt. Diese wird die Seelen des Paares einfordern und diesem dann verraten, wo der Schatz zu finden ist.

Auch eine weitere Legende steht mit dem Berg Arcuentu in Verbindung. Ein einflussreicher Adeliger verliebte sich in ein Mädchen namens Luxia. Als er um ihre Hand anhielt, wies Luxia ihn jedoch ab. Erbost befahl der Adelige daraufhin, das arme Mädchen lebendig in den Berg einzumauern. Neben verschiedenen Reichtümern wurde Luxia ein goldenes Spinnrad mitgegeben. Das Mädchen wurde dazu verflucht, Tag und Nacht daran zu arbeiten. Der Edelmann ließ mehrere Wespennester im Umkreis anbringen, die jeden Ritter daran hindern würden, die Reichtümer und das Mädchen zu finden. Noch heute beteuern einige Schäfer, das Mädchen singen zu hören, während diese nachts am Spinnrad arbeitet.

Zio Bruno erzählte mir auch die folgende Geschichte, als wir eines Abends mit einem Mirto vor dem Haus beisammensaßen: die Sage von su predi sconcau, dem kopflosen Priester:

„Der alte Weg hinab nach Guspini führt an dem Brunnen Mitza de Luziferu vorbei. Dort kann man in so manch dunkler Nacht das rötlich schimmernde Licht der Laterne des kopflosen Priesters erkennen, wenn dieser seinen Schatz bewacht“, begann Zio Bruno. „Wer genau dieser Priester zu Lebzeiten war, ist nicht bekannt, doch dieser war alles andere als fromm und barmherzig. Er verspottete und beschimpfte Schwache und Behinderte, anstatt sich ihrer anzunehmen. Außerdem war dieser sogenannte Diener Gottes geldgierig und schreckte nicht einmal davor zurück, seine Mitmenschen schamlos zu betrügen. Ihm war jedes Mittel recht, um an das Geld der Dorfbewohner zu kommen. Zahlreiche Kranke und ältere, einsame Menschen brachte er um all ihr Hab und Gut, sodass er sich innerhalb kürzester Zeit daran bereicherte und schließlich ein beträchtliches Vermögen beisammenhatte, welches er in der Nähe des Brunnens versteckte.

Natürlich blieben die Missetaten des Priesters nicht unbemerkt. Ein junger, pfiffiger Mann aus einem Nachbarort, dessen Tante ebenfalls vom Priester betrogen worden war, beschloss, dem Priester eine Falle zu stellen, um seinen Schandtaten endlich ein Ende zu setzen. Da der Priester den Fremden nicht kannte, war es für diesen ein Leichtes, sich ein wenig dumm und zurückgeblieben zu stellen. Als der Priester vorgab, dem Mann gegen Bezahlung helfen zu wollen, stellte dieser den ahnungslosen Priester vor der gesamten Dorfgemeinde bloß. Nach und nach brachte man den Priester dazu, all seine Schandtaten zu gestehen, und forderte ihn schließlich auf, das Versteck seiner Beute zu verraten. Vergeblich jedoch drohten die Dorfbewohner dem Priester, denn dieser lachte nur boshaft und meinte, dass niemand außer ihm je an seinen Schatz kommen würde.

Die Dorfbewohner tobten vor Wut und da der Priester die Anwesenden verspottete und weiterhin gehässig lachte, schlugen sie schließlich erbarmungslos auf ihn ein, genauso wie dieser es stets mit seinen wehrlosen Opfern zu tun pflegte.

Der Priester aber blieb hartnäckig und schwieg. Ob die Hinrichtung offiziell war oder ob die aufgebrachten Dorfbewohner es selbst in die Hand genommen hatten, ist nicht bekannt, doch noch während man den Priester enthauptete, soll dieser noch zischend gedroht haben, dass der Teufel jeden, der es auch nur wagen würde, nach seinem Schatz zu suchen, persönlich holen würde. Seither erscheint der Priester jede Nacht in der Nähe des Brunnens und bewacht die vergrabenen Reichtümer."

Du denkst, dies ist lediglich eine Sage? Dann hör zu, was ich einst vor vielen Jahren erlebte:

Es war ein kalter und dunkler Abend im Februar, als ich gemeinsam mit einem Kollegen nach einem harten Arbeitstag von Guspini aus zurück nach Arbus kehrte. Wir kürzten über den Weg Mori de Luziferu ab, um noch rechtzeitig zum Abendessen zu Hause zu sein. Ich schaltete meine kleine Taschenlampe ein, denn mittlerweile war es stockdunkel und der Pfad war uneben und steinig.

„Hoffentlich begegnen wir nicht dem kopflosen Priester", meinte mein Wegbegleiter sichtlich besorgt, als wir nicht mehr allzu weit vom Brunnen entfernt waren.

„Ich hätte nichts dagegen", entgegnete ich amüsiert. „Dann lassen wir uns zeigen, wo der Schatz versteckt liegt."

„Du bist doch völlig verrückt", meinte mein Kamerad entsetzt. „Das ist nicht der Ort für solche Witze! Schon so mancher hat nach den Reichtümern des Priesters gesucht und ist dann spurlos verschwunden. Dieser Schatz ist verflucht, da bin ich mir sicher!"

„Teufel noch mal, jetzt sei doch nicht so abergläubisch", meinte ich belustigt.

„Bist du wohl still!", fuhr mich mein Weggefährte böse an. „Gerade jetzt und hier solltest du besser nicht den Feuerschwanz erwähnen!"

„Den Feuerschwanz? Ernsthaft?" Abermals musste ich amüsiert lachen, denn es war ein alter Glaube, dass man den Namen des Teufels besser nicht erwähnte, da dieser ansonsten erscheinen konnte. Daher verwendeten die Dorfältesten alternative Namen wie Feuerschwanz, Schnabel, Hahnenfuß oder Schwänzchen, wenn sie vom Teufel sprachen. Schnellen Schrittes gingen wir weiter und hatten schon fast das Dorf erreicht, als ein rotes Flackern in unmittelbarer Nähe des Brunnens meine Aufmerksamkeit erregte. Ich deutete auf das rote Licht. „Was zum Teufel ist das? Vielleicht der kopflose Priester? Komm, lass uns nachsehen!"

Mein Kamerad jedoch blieb wie angewurzelt stehen. Sein bleiches, entsetztes Gesicht konnte ich trotz der Dunkelheit erkennen.

„Hast du etwa Angst?", fragte ich ungläubig.

„Ja, die habe ich. Du hättest dich nicht über den kopflosen Priester lustig machen sollen", entgegnete der andere mit bebender Stimme. „Mach, was du willst, aber ich kehre zurück nach Guspini und nehme die Hauptstraße."

„Bist du verrückt?", meinte ich entsetzt. „Wir haben Arbus doch so gut wie erreicht. Wenn du jetzt zurückläufst, wirst du vor Mitternacht nicht zu Hause sein!"

„Mit etwas Glück kommt ein Auto vorbei und nimmt mich mit", meinte mein Kamerad, doch wir wussten beide, dass dies sehr unwahrscheinlich war, denn zu jenen Zeiten gab es noch wenig Autos und dementsprechend war der Verkehr.

„Jetzt sei kein Idiot und komm", versuchte ich noch ein letztes Mal, meinen Begleiter umzustimmen, doch dieser schüttelte den Kopf, verabschiedete sich rasch und machte kehrt.

Ich seufzte und setzte meinen Marsch allein fort. Die Nacht kam mir plötzlich finsterer vor und die Stille war erdrückend. Auch war Nebel aufgezogen und mir war, als würde sich irgendetwas darin verbergen und mich beobachten.

Als ich den Brunnen schließlich erreichte, kauerte dort an einen Feigenbaum gelehnt eine dunkle Gestalt. Neben dieser stand ein altes Öllämpchen auf dem Boden, welches offensichtlich die Quelle des roten Flackerns war. Gezielt richtete ich den Schein meiner Taschenlampe auf den Fremden, was diesen veranlasste, den Arm schützend vor sein Gesicht zu heben. Obgleich ich die finstere, schattenhafte Gestalt nicht richtig erkennen konnte, war ich mir dennoch ziemlich sicher, dass der Unbekannte noch sein Haupt besaß.

„Der kopflose Priester bist du wohl nicht“, äußerte ich nun doch ein wenig erleichtert.

„Mach dieses verfluchte Licht aus, es blendet“, zischte der Fremde verärgert.

Ich aber senkte lediglich meine Lampe, denn irgendwie gab mir das bisschen Licht ein wenig Sicherheit.

„Was führt dich zu so später Stunde hier entlang, mein Junge?“, wollte der Fremde wissen. „Ist es der Schatz des Priesters, der dich herlockt?“

„Nein. Mein Chef hat mich heute nach Guspini geschickt, war ein harter Arbeitstag“, erklärte ich.

„Du solltest nach dem Schatz des Priesters suchen. Du könntest ein reicher Mann werden und bräuchtest nie wieder zu arbeiten“, bemerkte der Fremde.

Ich lachte amüsiert. „Ich glaube nicht an sagenhafte Schätze. Oder bist du etwa hier, um danach zu suchen?“

„Es ist immer etwas Wahres an Sagen dran, merk dir das, Junge. Ich könnte dir behilflich sein. Soll ich dich zum Schatz führen? Ich weiß, wo er ist“, meinte der Fremde mit verlockender Stimme, doch irgendetwas an seinem Ton missfiel mir.

Zwar mochte der Kerl nicht der kopflose Priester sein, doch mit einem Mal begriff ich, dass ich es hier mit etwas noch viel Schlimmerem zu tun hatte.

„Du willst mich verführen, Teufel?“, wagte ich zu fragen, als plötzlich das Licht meiner Taschenlampe erlosch und es um mich herum stockdunkel wurde. Lediglich das rote Licht des Öllämpchens loderte unruhig weiter.

„Du könntest ein wunderbares Leben führen. Reich und beliebt“, ertönte es aus der Dunkelheit.

„Schweig, Teufel! Du willst doch nur meine Seele, doch die wirst du nicht bekommen“, erwiderte ich mutig, bevor ich mich bekreuzigte und einen Brebus sprach, welchen mir meine Großmutter gegen böse Mächte beigebracht hatte. Das teuflische Wesen zischte und fluchte, wobei die Flammen des Öllämpchens wild loderten und der Nebel sich mit einem Mal verzog. Das Feuer des Öllämpchens züngelte noch einmal kurz, bevor es schließlich erlosch. In diesem Moment schaltete sich meine Taschenlampe wieder ein und ihr Lichtkegel erfasste eine Schlange, die sich anstelle des Fremden unter dem Feigenbaum wandte und krümmte, bis sie zwischen den Felsen davonglitt, um in einem Ingurtidroju, wie man solche Schlucklöcher auch nennt, zu verschwinden.

Erleichtert atmete ich auf und schwor mir, von nun an nie mehr so leichtfertig den Namen des Teufels auszusprechen. Den Erzählungen der Dorfältesten nach konnte man dem Teufel auf einsamen Wegen und unter Feigenbäumen begegnen. Vertreiben ließ dieser

sich durch das Kreuzzeichen und machtvolle Brebus, wobei er sich in Tiere, Feuer oder Windböen verwandelte, bevor er sich verzog.

Und wohin hatte er sich verzogen? In eines dieser Schlucklöcher, die dem Volksglauben nach zu urteilen direkt in die Hölle führten. Angeblich dienten diese heimtückischen Erdöffnungen dem Teufel. Mensch und Tier wurden von ihnen verschluckt und hinab in die Hölle befördert, wo sie direkt von den hungrigen Höllenkreaturen verspeist wurden.

Vorsichtig näherte ich mich der Bodenöffnung und leuchtete hinein. Das Loch schien tatsächlich tief ins Erdreich hinabzuführen, doch da war noch etwas zwischen einem Felsspalt. Es glitzerte und funkelte verlockend und ich wusste, dass diese listige Schlange mich direkt zum sagenhaften Schatz des Priesters geführt hatte.

Ich haderte mit mir, denn all diese Reichtümer konnten mir ohne Zweifel ein sorgloses Leben bescheren. Doch es wäre nicht richtig – und das nicht nur, weil der Teufel mir hier eine Falle stellte und mich entweder als Festmahl für die Kreaturen der Hölle vorgesehen hatte oder schlicht und einfach meine Seele rauben wollte: Dort unten lag das Hab und Gut jener Armen und Kranken verborgen, die vom Priester einst betrogen wurden, und es war nicht richtig, es an mich zu nehmen.

So verlockend es auch war, ich ließ den Schatz zurück und kehrte heim, ohne je wieder dem Teufel zu begegnen."

Als wir Arbus spät in der Nacht erneut verließen, fragte ich meinen Vater, wo sich denn der Brunnen sa Mitza de Luziferu befand.

Mein Vater blickte mich verwundert an: „Der alte Weg hinab nach Guspini führt daran vorbei. Der Brunnen müsste in etwa dort sein, wo dieses rötlich schimmernde Licht zu sehen ist." Er deutete aus dem Fenster. „Siehst du es?"

***Pamela Murtas,*** *1975 in Frankfurt-Höchst geboren, lebte seit ihrem zehnten Lebensjahr in Italien, wo sie an der Deutschen Schule Mailand ihr Abitur absolvierte. Nach drei Jahren Moskauaufenthalt kehrte sie nach Italien zurück, um in Rom professionellen Reitsport zu betreiben. Seit 2007 wohnt sie erneut in Deutschland. Neben ihrem vierteiligen Abenteuerroman „Destini" hat sie in verschiedenen Anthologien veröffentlicht.*

# Antigone und Haimon

**Eine griechische Sage**

Antigones Geschichte zählt zweifellos zu den bekanntesten Sagen der westlichen Zivilisation, so oft ist sie schon besungen worden. Die Story enthält schließlich auch praktisch alles, was man mit wohligem Schauder von einer anständigen Tragödie begehren kann: Kampf, Liebe, Verrat, entsetzliches Dilemma, Verzweiflung und fast übermenschliche Größe, tragische Entscheidungen aus bestem Gewissen und am Schluss der Tod, der alle betroffen macht.

Kurz zusammengefasst dreht es sich um Antigones Entscheidung, ihren Bruder zu bestatten, der im Krieg gefallen ist, ein Ansinnen, das ihr von ihrem Onkel, König Kreon, strikt untersagt wurde. Tatsächlich ist aber alles noch ein wenig komplizierter. Die Geschichte beginnt schon Generationen vorher, und zwar mit der Geburt von Ödipus, Antigones Vater. Ihm wird prophezeit, er werde seinen Vater Laios töten und seine Mutter Iokaste heiraten. (Natürlich könnte man argumentieren, die Geschichte beginne noch früher, nämlich als Laios einst von den Göttern verflucht wurde, aber man muss ja irgendwo mal anfangen.)

Erschreckt vom Orakelspruch jedenfalls beschließen Laios und Iokaste, den gefährlichen Sohn zu ermorden, und setzen ihn aus, doch das Schicksal nimmt seinen Lauf: Ödipus wird gerettet und wächst auf, ohne seine tatsächlichen Erzeuger zu kennen. Als ihm geweissagt wird, wie er mit seinen Eltern umspringen werde, zieht er fort, um das Paar, in dem er seinen Vater und seine Mutter vermutet, vor sich zu schützen.

Dadurch aber setzt er eine unheilvolle Spirale in Gang. Zunächst kommt er mit einem scheinbar Fremden in Streit, wer auf einer Brücke zurückweichen müsse. Es kommt zum Kampf, bei dem Ödipus seinen Rivalen und dabei nichts ahnend auch seinen leiblichen Vater tötet. Iokaste, Königin von Theben, ruft nach dem Tod ihres Mannes ihr Volk zu Hilfe, weil sie von einer Sphinx, einem tödlichen Fabelwesen, bedroht wird. Ödipus gelingt es, die Sphinx zu besiegen, woraufhin seine Mutter ihn als Helden und Befreier zum Dank heiratet und damit auch den zweiten Teil der Voraussage erfüllt. Zwar mögen die Götter dies zunächst ganz amüsant gefunden haben, bestrafen Theben dann aber doch für seine Sünden, bis Ödipus seine Fehler erkennt, sich blendet und ins Exil geht. Theben wird nun (Ödipus' Mutter hat sich unterdessen aus Scham selbst gerichtet) von seinen beiden Söhnen regiert, Eteokles und Polyneikes. Die beiden haben vereinbart, immer abwechselnd jeweils sieben Jahre lang König von Theben zu sein. Eteokles soll beginnen.

Die ersten sieben Jahre läuft das Arrangement auch ganz hervorragend. Dann aber weigert sich Eteokles, seinen Posten als König zu räumen. Polyneikes versammelt eine gewaltige Streitmacht um sich und zieht gegen seinen Bruder in den Krieg. Um aber unnötiges Blutvergießen unter ihren Landsleuten zu vermeiden, vereinbaren die feindlichen Brüder einen Zweikampf, der das künftige Schicksal Thebens entscheiden soll (by the way: eine Idee, die vielleicht von heutigen Kriegsführern mal als Alternative in Erwägung gezogen werden sollte).

Dieses Duell endet damit, dass sich die Brüder gegenseitig erstechen. Antigones Onkel Kreon übernimmt nun kommissarisch die Regierungsgeschäfte. Um Ruhe in die Situation zu bringen, fällt er ein klares Urteil über den Bruderzwist. Eteokles wird festlich beigesetzt und als verstorbener König geehrt, gleichzeitig untersagt Kreon aber unter Androhung der Todesstrafe, auch seinen Bruder Polyneikes zu bestatten.

So hofft er, die verständlicherweise aufgeheizte Stimmung in Theben zu befrieden, das schließlich gerade einem vernichtenden Bürgerkrieg entgangen ist, indem er sich klar positioniert und so die Richtung vorzugeben glaubt, wie das Volk zukünftig über die Auseinandersetzung der Brüder zu denken habe. Man sollte allerdings nicht verschweigen, dass Kreon bei dieser Geste keineswegs selbstlos handelt. Indem er den bisherigen Herrscher durch seine Verordnung nachträglich erneut legitimiert, hofft er, seinen eigenen Thronanspruch – und auch den seines einzigen Sohnes Haimon – viel überzeugender vertreten zu können, als wenn er sich nun in umständlichen konkreten und moralphilosophischen Prüfungen erginge und die Schuld und jeweils gerechtfertigte Ansprüche der beiden Brüder im Einzelnen aufdröseln müsste. Polyneikes das Begräbnis zu versagen, ist für einen alten Griechen allerdings eine deutlich härtere Strafe, als dies heutigen areligiösen Zeitgenossen vermutlich gegenwärtig ist, denn laut griechischem Glauben gelangen nur diejenigen Seelen ordnungsgemäß in die Unterwelt, die zu Grabe getragen wurden und denen ein Handgeld mitgegeben wird, damit der Fährmann bezahlt werden kann, der die Seelen auf das Ufer des Todes rudert. Folglich handelt es sich bei seinem Befehl, Polyneikes Leiche nicht zu berühren, nicht bloß um eine Geste, sondern um eine ultimative Grausamkeit, die er aus reiner Staatsräson heraus verübt.

Das ist der Ausgangspunkt von Antigones Geschichte. Antigone und Ismene sind die Schwestern der beiden verstorbenen feindlichen Brüder und leben in Thebens Palast, bislang unter Eteokles. Nach dem katastrophalen Zweikampf kann sich Antigone aus Bruderliebe und religiöser Überzeugung und vielleicht auch, weil es sich bei ihr um einen wilden Trotzkopf handelt, nicht dem Willen ihres Onkels fügen und will ihre Schwester dazu überreden, mit ihr zusammen die Bestattung ihres Bruders zu übernehmen. Ismene lehnt dies allerdings ab, sie hat Angst vor den Konsequenzen. Antigone übernimmt also allein die Bestattung ihres Bruders und natürlich – wie könnte es in einer Tragödie auch anders sein – wird sie erwischt und zu Kreon gebracht. Der ist reichlich entsetzt, als er die Tragweite seiner rigorosen Abschreckungstaktik erkennt. Doch fasst er sich, legt den Soldaten, die seine Nichte verhafteten, ein Schweigegelübde ab, das sie nicht ablehnen können, und redet begütigend auf Antigone ein.

Es ist sowieso eine ausgesprochen peinliche Situation, aber erschwerend kommt noch hinzu, dass Antigone die Verlobte Haimons ist; natürlich spielt dieser Umstand eine entscheidende Rolle dafür, dass Kreon gerne Milde walten lassen würde. Antigone aber beharrt auf ihrer absoluten Pflicht, ihren Bruder final zu ehren. Sie lässt sich nicht dadurch umstimmen, dass Kreon ihr das Angebot unterbreitet, ihre Tat als ungeschehen zu betrachten, da sie betont, immer wieder versuchen zu wollen und zu müssen, ihren Bruder zu begraben. Im Wissen, völlig im Recht zu sein, indem sie ihre Pflicht am toten Bruder ausübt, weil sie nur auf diese Weise ihren Göttern angemessenen Respekt zollen kann, und im festen Glauben daran, ihre religiöse Verantwortung wiege deutlich schwerer, als es die politische je sein könne, weigert sie sich ganz entschieden, sich von ihrem Plan zu distanzieren, und verhöhnt stattdessen Kreon mit harschen Worten, indem sie ihn des Eigennutzes und des mangelnden Respekts vor seiner Familie und den Göttern beschuldigt.

Kreon erkennt nach Antigones hasserfüllter Tirade, in der sie seine Verantwortung infrage stellt, die Motive seiner Beweggründe bezweifelt und sich in wenig schmeichelhaften Einschätzungen seiner menschlichen Qualitäten ergeht, wie unmöglich er unter diesen Umständen einen Kompromiss aushandeln kann, zumal dieser im vorliegenden Fall ja auch tatsächlich kaum existent ist. Also fügt er sich am Schluss ins Unvermeidbare und entscheidet notgedrungen, an Antigone die grausame Strafe zu vollziehen, die er ursprünglich als Abschreckungsinstrument ersonnen hatte, damit nur ja keiner auf die Idee kommt, seine Autorität weiter zu untergraben und seinen Anweisungen zuwiderzuhandeln: Antigone soll in eine Grabkammer eingemauert werden.

Bei Sophokles, der als Erfinder der Sage gilt, ist Kreon übrigens ein absoluter Unsympath, der sich geradezu freut, seine Nichte zu töten, sie verhöhnt und in schäbigster Weise angeht, aber ich halte den Kreon späterer Fassungen anderer Autoren, der mit sich ringt und dem es eben nicht so leicht fällt, aus Staatsräson Böses zu tun, für deutlich menschlicher und deshalb auch tragischer. Unabhängig davon wird die Exekution jedenfalls genau so vollzogen, wie Kreon sie angeordnet hat, mit einem kleinen, feinen Unterschied. Sein Sohn hat von der Hinrichtung seiner Geliebten erfahren, flieht zu ihr und lässt sich ebenfalls einmauern, stirbt dort auf den Knien vor ihr, seinen Kopf auf ihrem Schoß. Antigone selbst bringt sich ebenfalls um, und auch Ismene tötet sich, weil sie nicht länger in einer Welt mit ihrem Onkel leben kann und will.

Zahlreiche Dialoge sind zwischen Kreon und Antigone geschrieben worden, sehr viele bedeutende Dramatiker haben die große Szene der beiden so unversöhnlichen Parteien ganz unterschiedlich beleuchtet. Natürlich ist Antigone in aller Regel die Sympathieträgerin, was mir sehr interessant scheint, wenn man bedenkt, dass man sich ja schon je nach Sichtweise dafür entscheiden muss, ob man eher den Anforderungen des konkreten politischen Momentums oder einer zumindest moralischen Ewigkeit das Wort reden möchte. Was mich aber wundert, ist, wie selten Haimon bei den Interpreten zu Wort kommt.

Natürlich ist er nicht der Protagonist des Antigone-Plots, aber man hätte doch meinen können, sein freiwilliger Liebestod habe mehr als bloß eine dürre Erwähnung verdient. Zumal sein Opfer aus Liebe insofern zweifellos noch größer wird, als er sich darüber klar sein muss, dass er für Antigone mehr empfindet als sie für ihn, denn er ist bereit, für seine Angebetete zu sterben, während sie die Möglichkeit verweigert, für ihn leben zu wollen. Natürlich dürfte es schwierig sein, unter diesen extremen Umständen zu einem vernünftigen Vergleich zu kommen, denn schließlich wissen wir alle, dass Liebe unmöglich genau abgewogen werden kann.

Jeder von uns hat seine eigene, ganz private Vorstellung von dem, wie er einen anderen Menschen glücklich macht. Was dem einen selbstverständlich scheint, mag vom anderen als völlig übertriebene Geste harsch verurteilt werden. Doch lässt sich nicht leugnen, dass Antigone klar bekennt, ihr Opfer nur für ihren Bruder bringen zu können und zu wollen, da er angesichts des Todes ihrer Eltern nicht mehr ersetzbar sei – was für Haimon als Geliebten ja dann offensichtlich nicht gilt. Unter diesen Umständen fände ich es ungeheuer spannend, der letzten Unterhaltung zwischen Haimon und Antigone folgen zu können.

Was werden sie einander versprochen haben, als sie todgeweiht beieinander in der Grabkammer waren? Hat sich Antigone ein weiteres Mal rechtfertigen müssen? Schließlich könnten böse Zungen ja auch behaupten, sie habe es darauf angelegt, sich durch ihr Opfer selbst unsterblich zu machen. Was dachte sie wohl? War sie womöglich selbst erschrocken, was ihr Aufbegehren, ihr jugendlicher Elan, ihr Eintreten für die Pflicht, das Richtige zu tun, für Konsequenzen mit sich trug? Darüber, dass sie wirklich im Recht war, kann man gar nicht so leicht befinden, finde ich. Dass sie für ihre Konsequenz und ihren Mut und ihre absolute Unbedingtheit bewundert wird, sollte uns jedenfalls zumindest zu denken geben, wenn wir das nächste Mal Klimakleber als naive Idioten verurteilen (was mir selbst schon oft genug passiert ist), wobei sie (mit in der Regel deutlich weniger tödlichen Folgen) ja lediglich kompromisslos für ihre Sache einstehen, die sie für größer und wichtiger halten als sich selbst. Im Kern hat jeder von uns ein Gran Antigone in sich. Ich stelle mir sie zumindest so vor, dass sie ganz genau weiß, was sie tut. Sie ist daher, hoffe ich, nicht in dem Sinn berechnend, dass sie sich Unsterblichkeit für ihre Tat erträumt, sondern voll ehrlicher Überzeugung, das einzig Richtige und damit auch das einzig Vernünftige zu tun. Sie vollbringt natürlich auch, was von Anfang an schon vorbestimmt und gar nicht mehr zu ändern ist; ihre Tat ist ihr Schicksal, es ist, wofür sie geboren wurde, und sie weiß es.

Nichts spielt sonst noch eine Rolle, sie hat sich und ihre Aufgabe im Leben gefunden, indem sie stirbt. Und dieser Glaube an ihr Schicksal und ihre Bestimmung bestärkt sie in ihrer trotzigen, starken, nur auf das Durchsetzen ihres Willens bedachten Haltung. So wünschen wir uns schließlich eine Heldin. Alles, was sie tut, ist für sie richtig, wichtig und unumgänglich. Dafür bewundern wir, wen wir für tragisch halten. Wir kennen uns selbst schließlich gut genug und wissen, dass wir in einer vergleichbaren Situation eben aller Voraussicht nach nicht dazu in der Lage wären, das zu tun, was wir als die richtige Tat erkannt haben.

Für Antigone mag diese Haltung trotz allem noch einfacher als für Haimon sein. Sie opfert sich nämlich für Gottes Gebot, er aber stirbt aus Liebe zu ihr. Wie mag er sich kurz vor seinem letzten Atemzug gefühlt haben? Ich habe mal – keine Ahnung, wo –, gelesen, viele verhinderte Selbstmörder, die gerettet werden konnten, hätten ihre Beweggründe, die sie fast in den Tod getrieben hätten, einige Zeit später selbst nicht mehr nachvollziehen können. So sehr ich diese Menschen auch zu ihrem neu gefundenen Lebensmut beglückwünsche, Fakt ist sicherlich, dass es tragischer und damit auch größer und bedeutender wirkt, wenn man den Weg des Freitodes bis zum bitteren Ende geht, einfach, weil man nicht anders kann, weil das Ausmaß des Unglücks jedes vorstellbare Maß überschreitet.

Sich dann doch nicht zu töten ist insofern fast schon kreonlike, wenn es mal erlaubt ist, so eine Bezeichnung zu kreieren: Man erkennt, dass es geboten ist, sich umzuorientieren, und dass man einen möglichen alternativen Weg gehen kann. Haimon aber kennt diesen

Ausweg nicht. Seine große Liebe ist tot, zu einem gewaltsamen Tod von seinem Vater verurteilt, den zu lieben und zu ehren ihm unbedingte Aufgabe sein soll. Unter solchen Umständen dürfte sein Selbstmord eigentlich ein hohes Identifikationspotenzial für Jugendliche besitzen, die sich unverstanden glauben (und für alle anderen Unverstandenen auch, nur ist die Schwelle zum Selbstmord ja erfahrungsgemäß zu Beginn des Lebens noch niedriger als später). Und wie geht er damit um, dass Antigone ihn weniger liebt als er sie? Das würde mich am meisten interessieren ...

Er macht ihr keine Vorwürfe, da bin ich mir sicher. Wenn er sich schon einschließen lässt, um bei seiner Liebe zu sterben, nutzt er die gemeinsame Zeit mit der Liebe seines Lebens sicher sinnvoller aus. Aber ob da dieser bohrende Stachel in ihm ist, der ihm sagt, wie unnötig jetzt eigentlich der gemeinsame Tod ist? Ich hoffe, er denkt nur an schöne Sachen – vielleicht daran, jetzt bei seiner Liebe zu sein, vielleicht kann er alles andere ausblenden und sich nur auf den einen Moment konzentrieren ...

Ich möchte es hoffen, damit ich mir vorstellen kann, er stirbt glücklich, denn auf diese Weise hätte er in jedem Fall seinen Sinn gefunden.

***Christian Reinöhl** wurde 1977 geboren. Er studierte Theaterwissenschaft, Deutsch und Französisch und arbeitet als Lehrer. Die griechische Mythologie ist für ihn eine Sammlung wirklich wunderbarer, teils sehr verstörender Stoffe. Er findet es großartig, wie viele völlig unterschiedliche Interpretationen einzelne Sagen im Laufe der Jahrtausende erfahren haben und wie spannend diese alten Geschichten immer neu erzählt werden.*

# Wenn hungrigen Löwen der Appetit vergeht

**Löwensagen aus dem Nahen Osten**

In den frühen 1920er-Jahren wurde in Jerusalem auf dem Gelände des Mamila-Friedhofs durch den britischen Archäologen John Garstang eine alte Höhle freigelegt. Die Reliefs mit Löwenmotiven an den Wänden ließen keine Zweifel aufkommen: Das muss die sogenannte *Löwenhöhle* sein. Diese Begebenheit rief dem Rabbi Samuel S. Cahana (1905–1988) folgende Legende in Erinnerung.

Zwischen 167 und 164 vor Christus führte der griechische König Antiochus IV. Epiphanes ein willkürliches Regime, geprägt von religiöser Verfolgung gegen die jüdische Bevölkerung. Als schändlicher Höhepunkt entweihte er bei seinen Hellenisierungsbestrebungen den jüdischen Tempel, indem er eine Zeusstatue in diesen stellte und dieser Opfer aus Schweinefleisch darbringen ließ. Eine Schandtat sondergleichen gegenüber den Jüdinnen und Juden.

Wer sich auflehnte, wurde zur Strafe schlimmstenfalls den drei Löwen, welche in dieser Höhle gehalten wurden, zum Fraß vorgeworfen. Dieses Schicksal erlitten auch zwei jüdische Widerstandskämpfer, die sich mit Waffengewalt gegen Antiochus auflehnten. Im ersten Moment wollten sich die hungrigen Löwen auf die beiden Männer stürzen – und stutzten. Deren vertrauensvolle Blicke und die Ruhe, die die beiden ausstrahlten, ließen sie die Schwänze einziehen und in das Innere der Höhle verschwinden. Die beiden erinnerten die Löwen an den Juden Daniel, dem es einige Jahrhunderte zuvor im Exil in Babylon ebenso ergangen war. Als Folge einer Intrige wurde er in die Löwengrube geworfen, dass Gott sich genötigt sah, Engel zu schicken, um den Löwen die Mäuler zuzuhalten.

Als die beiden Kämpfer ihrer Verschonung gewahr wurden, entsetzten sie sich. Sollen sie mit dem großen Staats- und Glaubensmann Daniel gleichgesetzt werden? Nein, das wollten sie nicht. Daniel hatte noch die Hoffnung gehabt, wieder aus dem Exil nach Israel zurückkehren zu können. Aber sie, unterdrückt im eigenen Land … Entschlossen warfen sie sich selbst vor die Löwen.

Kaum waren die Löwen über die beiden hergefallen und diese hatten ihren Geist aufgegeben, schwebten Engel vom Himmel herab und holten deren Seelen vor den Thron Gottes. Da bedauerten die Löwen ihre Tat, sammelten die Knochen ein und bewachten diese, um sie vor der Entweihung durch die Schergen des Antiochus zu schützen. Dies taten sie, bis Juden kamen, die die Gebeine holten, um sie der Tradition gemäß zu bestatten.

Aber nicht nur in der jüdischen Kultur gibt es so wundersame Begegnungen zwischen Menschen und Löwen. Im christlichen Kontext legt die Legende vom Heiligen Hieronymus davon Zeugnis ab. Der christliche Gelehrte, Priester und Theologe lebte etwa von 347 bis 420 n. Chr. Sein Lebenswerk war, die Texte der Bibel aus den aramäischen, hebräischen und griechischen Sprachen ins Lateinische zu übersetzen. Ein Meilenstein in der Geschichte der Bibelübersetzung.

Zur Begegnung mit dem Löwen: Die Legende erzählt, dass Hieronymus in der Wüste in einer Mönchsgemeinschaft lebte. In Antiochia, in der Nähe des heutigen Aleppo in Syrien. Eines Tages kam ein mächtiger Löwe daher. Hals über Kopf flüchteten die Mönche – bis auf Hieronymus. Der bemerkte, dass der Löwe hinkte, und entdeckte einen großen Dorn, der tief in dessen Pfote steckte. Hieronymus versorgte den Löwen, der zahm wurde und ein Mitglied der Mönchsgemeinschaft wurde, in der er als Wächter und Lastenträger diente.

Auch einem römischen Sklaven kam es zugute, dass er einem Löwen einen schmerzhaften Dorn aus der Pranke entfernte. Androklus, so hieß der Sklave, war verzweifelt aus dem Haus seines despotischen Besitzers geflohen, von dem er zeit seines Lebens auf unerträgliche Weise drangsaliert worden war. Dies im Wissen, dass ihm, sollte man ihn habhaft werden, der Tod drohen würde.

Und so kam es. Androklus wurde gefangen genommen und zur Strafe im Kolosseum zu Rom einem hungrigen Löwen vorgeworfen. Aber – oh Wunder: Statt dass sich dieser auf sein wehrloses Opfer stürzte, schmiegte sich der Löwe zur großen Verwunderung des Publikums an Androklus und leckte ihm gar die Hand. Es war der Löwe, den er auf seiner Flucht röchelnd in einem Gebüsch gefunden hatte, gepeinigt vom Stachel in der Pranke. Als dem ebenfalls anwesenden Kaiser Augustus die edle Tat des Sklaven berichtet wurde, begnadigte er diesen von Tod und Sklaverei. Guter Dinge zogen Androklus und der Löwe ihres Weges.

Glimpflich ging auch für eine Frau die Begegnung mit einem Löwen aus: Die Muslima Rabi'a al-Adawiyya, eine bekannte weibliche Sufi-Heilige und Mystikerin, lebte im 8. Jahrhundert.

Eines Tages entschied sie sich, eine Pilgerreise nach Mekka zu unternehmen. Auf dieser tauchte eines Nachts, als sie in der Wüste rastete, ein Löwe auf. Anstatt Angst zu haben, stellte sie sich vor den Löwen und begrüßte ihn mit folgenden Worten: „O Geschöpf Gottes. Auch ich bin ein solches, auf der Suche nach meinem Herrn. Ich habe dir nichts zu bieten, weder Speise noch Wasser. Im Vertrauen in Gott sage ich dir: Wenn du von ihm geschickt wurdest, um mich zu schützen, dann beschütze mich. Wenn du geschickt wurdest, um mich zu töten, dann tu, was dir befohlen wurde."

Der Löwe setzte sich in einiger Entfernung nieder und wachte die ganze Nacht über sie. Als der neue Tag erwachte, stand die Frau auf, ging weiter, und auch der Löwe trollte sich.

***Hans Peter Flückiger,*** *geboren 1952, lebt in CH-Solothurn. www.geschichten-gegen-langeweile.com.*

# Die schöne Nonne

**Eine Sage aus Ostprignitz-Ruppin**

„Warum hast du mich nicht schon früher mal besucht?", fragte Frank.

Seine Frau schwieg und sah weiter auf den Wutzsee hinaus. Zwei Windsurfer und ein Schwan zogen dort stetig ihre Bahnen.

Er nippte an seinem Kaffee. Dann setzte er die Tasse hart auf dem Teller ab, so hart, dass es klirrte. „Moni, ich rede mit dir!"

Nach einer Ewigkeit drehte sie den Kopf zu ihm. „Du musst mich nicht anschreien", sagte sie mit müder Stimme.

„'tschuldigung, hab's nicht so gemeint. Bin nur so … angespannt. Du weißt schon, wieso."

„Frank, ich muss dir was sagen. Ich …"

„Warte, warte, Moni. Weißt du, warum ich dir den Platz hier zeigen wollte?"

Monika schüttelte den Kopf.

„Siehst du da vorn die Statue?" Er deutete auf eine grauweiße, lebensgroße Figur, die auf einem vom Wasser umspülten Stein in der Nähe des Ufers stand und eine Nonne darstellte. „Dazu gibt es eine Sage. Hörst du mir zu?"

Sie zuckte mit den Schultern. „Wusste gar nicht, dass du dich für Sagen interessierst."

„Also hier in Lindow wohnte früher ein schönes Mädchen, fast so schön wie du. Sie hieß Amelie."

„Brauchst nicht zu schleimen. Amelie also." Monika nickte. „Ein schöner Name. Klingt französisch. Aber ich weiß nicht, was das soll."

„Warte ab. Diese Amelie war die Tochter eines reichen, adligen Paares. Und wie die Liebe so spielt, sie verliebte sich nicht etwa in einen reichen Edelmann, sondern in einen armen Bauern. Natürlich waren die Eltern nicht gerade glücklich darüber. Sie versuchten, ihr den Burschen auszureden. Als das nichts half, gaben sie die Tochter hier in das Kloster. Aber die Tochter, die jetzt zur Nonne geworden war, dachte immerzu an den Bauernburschen. Und dem Jungen ging es genauso mit Amelie. Er schlich nachts zum Kloster und kratzte so lange an der Klostermauer, bis seine Hände ganz blutig waren. Dann hatte er es geschafft, ein paar Steine herauszubrechen."

„Hatte er keine Brechstange dabei?" Monika lehnte sich zurück und wandte ihr Gesicht wieder dem See zu.

„Romantisch wie immer. Es ist eben eine Sage. Und er befreite seine Amelie und die beiden wurden nie mehr gesehen. Manche sagen, sie sind im See ertrunken. Mir gefällt aber die Version, dass sie durch den Sumpf, der an die Klostermauer angrenzte, entkommen sind. Das ist die Sage von der schönen Nonne. Da ist sie." Er nickte in Richtung der Statue.

Monika seufzte. „Und warum erzählst du mir das alles?"

„Weil ich dem Sumpf entkommen will, zusammen mit dir. Ich schaffe das! Glaubst du mir?" Er streckte die Hand über den Tisch hinweg zu ihr aus.

Nach einer Ewigkeit ergriff sie die Hand. „Es wird Zeit für mich, ich bring dich noch zurück."

***Dr. Thomas Melerowicz:*** *Der Autor ist Jahrgang 1956 und lebt in einer kleinen Stadt in der Nähe Berlins. Von Beruf Chemiker, ist er neben den exakten Naturwissenschaften auch sehr an Belletristik interessiert. Er hat langjährige Erfahrungen als Ghostwriter gesammelt und veröffentlichte außerdem eigene Kurzgeschichten in verschiedenen Anthologien und Zeitschriften. Ob Krimi, Fantasy, Science-Fiction oder romantische Erzählungen – der Autor versuchte sich in vielen Genres, doch besonders liegen ihm skurril-heitere, aber auch düster-geheimnisvolle Kurzgeschichten.*

# Der Feuerreiter

**Eine Sage aus Sachsen-Anhalt**

Bei den kleinen Dörfern Ebersroda, Schnellroda, Albersroda, Baumersroda, Branderoda, Schleberoda auf der Erfurter Platte handelte es sich um sogenannte Rodungsdörfer des Bistums Bamberg. Hier war die Natur noch Natur und zeigte sich zum Teil von ihrer rauen und wilden Seite. Das Leben der Menschen war hart auf dem Lande. Sie besaßen nicht viel, waren aber dennoch glücklich mit ihrem Leben, denn die Natur gab ihnen, was sie benötigten, und sie nahmen nur, was sie brauchten.

„Und was machen wir heute? Ich habe schon die Kühe gemolken und soll später noch Heu holen“, sagte Artur zu seinem besten Freund Wilhelm. Dieser verzog das Gesicht und lehnte sich mit verschränkten Armen an die Wand des Stalles.

Hinter ihm schnaubte ein Pferd, aber Wilhelm interessierte es nicht. „Ich soll eigentlich auf meine Schwester aufpassen, habe aber keine Lust darauf. Annegret nervt immer so.“ Er seufzte theatralisch.

„Ich hoffe, wir sind bald erwachsen“, gab Artur zurück.

Wilhelm nickte zustimmend. „Ich habe da eine Idee. Lass uns Schwarzpulver herstellen.“

Überrascht sah Artur ihn an. „Schwarzpulver? Bist du dir sicher? Weißt du denn, wie das geht?“ So ganz überzeugt war er nicht.

Wilhelm nickte jedoch heftig. „Na klar. Wir brauchen Salpeter, Holzkohle und Schwefel. Das haben wir alles im Haus. Ludwig, mein Bruder, hat das auch schon gemacht. Da durfte ich zuschauen.“ Wilhelm rieb sich die Hände und wirkte dabei mehr als nur zufrieden mit seiner Idee. Das würde ein Spaß werden. „Damit können wir die Mädchen erschrecken“, fügte er hinzu.

Diese Worte brachten Artur zum Lachen – Mädchen ärgern klang immer gut und würde ihm sehr viel Freude bereiten. Schließlich hatte auch er eine Schwester, die ihm gelegentlich auf die Nerven ging. „Na gut, ich bin dabei."

Recht schnell waren alle Zutaten beisammen. Wilhelm legte nachdenklich den Kopf schief. Was sollte er als Erstes tun? Wie war sein Bruder damals vorgegangen? War nicht auch ihr Vater dabei gewesen? Wenn dieser jetzt von Arturs und seinem Plan erführe, gäbe es Ärger, da war er sich sicher.

„Wir brauchen einen Topf", verkündete er.

Artur nickte und eilte los. Er holte einen alten Topf aus dem Stall und stellte ihn in den Hof. „Nein, nicht hierher, da sieht uns jeder. Am besten gehen wir in die Scheune", meinte Wilhelm.

„Ist das eine gute Idee? Sollte es qualmen, wird Mama sauer", hielt Artur dagegen. „Falls uns jemand erwischt, werden wir Ärger bekommen."

Dem konnte Wilhelm nicht widersprechen, wenn man sie erwischte, würde es mächtig Ärger geben, da war er sich sicher. Daher nahm er den Topf und stellte ihn unter das niedrige Dach hinter der Scheune. Dort würde man sie vom Hof aus nicht sehen und der Qualm würde Richtung Feld ziehen.

Wilhelm legte alle Zutaten nebeneinander. Sie mussten zu verschiedenen Teilen gemahlen werden, so viel wusste er noch. Aber wie genau – daran erinnerte er sich nicht.

Der Salpeter war bereits in Pulverform, da ihn die Familie zum Schlachten nutzte, um die Wurst haltbar zu machen. Er nahm das Glas in die Hand und schüttete eine kleine Menge des Inhalts in den Topf hinein. Dann rührte er ihn um, zerkrümelte nebenbei die Holzkohle. Währenddessen hantierte Artur mit dem Schwefel. Zusammen kippten sie alles in den Topf. Sofort gab es ein Zischen und das Gemisch begann zu qualmen. Eine Rauchwolke stieg nach oben, und die beiden Jungen wichen erschrocken zurück. In Panik kippte Artur noch mehr Schwefel dazu. Es gab eine Stichflamme, woraufhin das Dach über ihnen augenblicklich Feuer fing.

Zunächst standen die beiden schreckensstarr vor dem brennenden Dach, brüllten nach einigen Sekunden aber wie aus Leibeskräften. Da alle Dächer im Dorf nur mit Stroh bedeckt waren, breitete sich das Feuer schnell aus. Die Jungen rannten auf die Straße und winkten wie wild mit den Armen. Eilig kamen die Nachbarn herbei. Sie brachten Eimer und machten sich daran, das Feuer zu löschen.

Unterdessen trat tief im Wald ein Mann aus einer kleinen Hütte und streckte sich ausgiebig. Die Sonne drang nur leicht durch das dichte Blätterdach der Bäume. Der Blick des Mannes wanderte zu seinem Hengst Wotan. Der stolze Holsteiner wieherte, was seinem Besitzer ein Lächeln entlockte. Das Pferd war sein treuer Begleiter. Mann und Tier waren immer da, wo sie gebraucht wurden.

„Was denkst du, Wotan, rücken wir heute aus?"

Wotan musterte seinen Herrn aufmerksam und bewegte den Kopf, als würde es verstehen. Thoralf lächelte das Tier an. Ja, sein Pferd war ein guter Freund. Er gab Wotan einen Apfel und strich sanft über dessen Hals.

Plötzlich schien es, als ob sich der Himmel verdunkeln würde. Der Wind frischte auf und brachte den Geruch von Rauch mit. Wotan stampfte mit den Hufen auf und warf den Kopf hin und her. Damit war es mit der Ruhe auch vorbei.

Thoralf seufzte und warf sich seinen Mantel über, bevor er sich auf den Pferderücken schwang. Im gestreckten Galopp jagten sie aus dem Wald auf das kleine Dorf Ebersroda zu.

Dort eilten die Menschen mit Eimern und Kübeln hin und her, um das Feuer zu löschen. Auch zwei Spritzen waren herbeigeschafft worden und doch schien es, als ob das Feuer seine Gegner auslachen würde. Der Wind drehte immer wieder und fachte das Feuer weiter an.

Da Ebersroda ein Runddorf war und die Scheunen den zweiten Wehrring bildeten, konnte das Feuer leicht auf die umliegenden Scheunen überspringen. Bis nach Leipzig konnte man den Brand sehen. Die Luft war geschwängert von Rauch. Das ganze Dorf drohte niederzubrennen. Artur und Wilhelm weinten, ihre Gesichter waren mit Ruß und Rotz beschmiert. Und dennoch halfen sie nach Kräften mit, um ihr Zuhause noch zu retten.

Die Scheune von Wilhelms Eltern stand bereits in Flammen. Acht weitere waren ebenfalls betroffen, während der Brand bereits auf die nächsten Gebäude übergriff.

Viele der anwesenden Frauen weinten schwarze Tränen. Dabei kämpften sie mit dem Mut von Löwen, um die Tiere sowie ihr Hab und Gut vor den Flammen zu verteidigen. Männer brüllten Befehle und schleppten Kübel voller Wasser. Andere kamen mit Schaufeln und Hacken, um eine Schneise zu schlagen.

Wie aus dem Nichts erschien plötzlich ein Mann auf einem feurigen, schwarzen Ross. Der Hengst preschte durch den Teich, was das Wasser in Fontänen aufspritzen ließ. Menschen und Häuser wurden regelrecht durchnässt. Immer wieder jagte Thoralf auf Wotan durch den Teich, um das Feuer zu löschen. Ungläubig sahen die Bewohner von Ebersroda ihnen zu. Bereitwillig machten sie Ross und Reiter Platz und wichen zur Seite.

Als das Wasser zu Neige ging, erloschen zum Glück auch die letzten Flammen. Es qualmte und dampfte, während die Männer die verbliebenen, erlöschenden Flammen austraten.

Für einen Moment herrschte Stille.

„Wie können wir Euch danken?" Ein Mann, dessen Hände und Gesicht schwarz vor Rauch und Ruß waren, trat zu dem Reiter.

Dieser lächelte breit und beugte sich nach vorn, bis seine Hand die Schulter des Dorfbewohners berühren konnte. „Lebt, kümmert euch um die Tiere und den Wiederaufbau. Lebt wohl." Damit ließ er Wotan auf die Hinterbeine steigen. Das Pferd wieherte. Kaum stand es wieder auf dem Boden, jagte es mit seinem Reiter davon, und die beiden wurden nie mehr gesehen.

Zurück blieben weinende und glückliche Menschen.

Heute hängt an der Hofmauer, Dorfstraße 26, eine Gedenktafel, die für immer an das Feuer erinnern soll.

***Doreen Pitzler*** *wurde 1986 in Sachsen-Anhalt geboren, wo sie auch aufgewachsen ist. Schon früh entwickelte sie eine Vorliebe für gute Geschichten und inspirierende Welten. Zu Schulzeiten verband sie diese Vorliebe mit ihrer eigenen blühenden Fantasie und begann mit den Schreiben eigener Geschichten. Heutzutage ist das Schreiben ein willkommener Ausgleich zu ihrer Bürotätigkeit.*

# Die Robbenfrau von Mikladalur

**Eine Sage von den Färöer-Inseln**

All jene, die den Freitod im Meer suchen, sollen sich in Robben verwandeln und ihr Dasein fortan im Dunkel des Ozeans fristen. Doch einmal im Jahr sei ihnen gestattet, an Land zurückzukehren und sich für Tanz und Spiele unter die Menschen zu mischen.

Es war der Abend der Dreikönigsnacht, als ein junger Bauer aus dem Dorf Mikladalur auf der Insel Kalsoy im Norden der Färöer zum Strand ging, um zu ergründen, ob all jene Legenden über die Selkies, jene Robben, die einst zu den Menschen zählten, wahr seien. Im Schatten eines Felsen legte er sich auf die Lauer und beobachtete, wie tatsächlich eine große Anzahl Robben das Ufer erreichte. Staunend konnte er ihnen zusehen, wie sie aus ihren Fellen schlüpften und sie vorsichtig auf den Felsen ablegten. Dabei fiel ihm eine wunderschöne Frau ins Auge. Schöner als jede, die er aus seinem Dorf kannte, und schöner auch als jede, die je durch sein Dorf gereist war. Verzaubert von ihrem Antlitz beschloss er, sie zu besitzen.

Er merkte sich die Stelle, an der sie ihr Fell versteckte und als die Selkies zum Tanz im Dorf aufbrachen, schälte er sich aus seinem Versteck, um zu der Stelle hinüberzugehen, wo das seidig glänzende Fell der schönen Frau lag.

Die ganze Nacht dauerten die Tänze und als die Selkies im Morgengrauen zum Strand zurückkehrten, kleideten sie sich wieder in ihre Felle, um in den Tiefen des Meeres zu verschwinden. Nur eine blieb zurück.

Die junge Frau suchte überall nach ihrem Fell. Vergebens. Sie konnte es sogar riechen, doch es war nirgends zu finden. Verzweiflung übermannte sie und ihr Herz wurde von tiefer Traurigkeit erfüllt. Da tauchte plötzlich der junge Bauer mit ihrem Fell auf. Sie flehte ihn an, es ihr zurückzugeben, doch er verwehrte ihr den Gefallen. Auf der Insel gefangen war sie gezwungen, mit ihm zu seinem Hof zu kommen, und er behielt sie als seine Frau.

Viele Jahre zogen ins Land. Die schöne Frau gebar dem Bauern viele Kinder, doch auch wenn sie diese liebte: Das Leben an Land sollte ihr nicht gefallen. Der Bauer wusste dies und sorgte sich, dass sie ins Meer zurückkehren könnte. Sicher verwahrte er ihr Fell in einer Truhe, deren Schlüssel er sorgsam hütete.

Eines Tages aber, als die Männer zum Fischen aufbrachen, vergaß er, den Schlüssel an seinen Gürtel zu binden. Noch auf dem Meer wurde ihm klar, dass dies der Tag sein sollte, an dem er seine Frau verlor. Hastig holten die Männer ihre Netze ein und ruderten, so schnell sie konnten, zurück zum Ufer. Der Mann stürzte vom Strand zu seinem Gehöft, wo er die Truhe leer vorfand. Seine Frau war verschwunden, die Kinder warteten allein auf den Vater.

Glücklich kehrte die Selkie zu ihrer Familie im Meer zurück, doch immer wenn ihre menschlichen Kinder am Strand spielten, tauchte eine Robbe im Wasser auf und blickte zu ihnen hinüber. Die Menschen im Dorf glaubten, dass sie die Mutter der Kinder sei.

Viele Jahre sollten vergehen. Die Kinder sollten erwachsen werden und der Mann den Verlust seiner Frau fast vergessen.

So ereignete es sich, dass die Männer des Dorfes Mikladalur eine Robbenjagd planten. Da erschien dem Bauern in der Nacht vor der Jagd seine einstige Frau im Traum. Lebhaft warnte sie ihn, auf der Jagd nicht die große Robbe am Eingang der Höhle zu töten, denn dies sei ihr Ehemann. Und auch die beiden kleinen Robben tief in der Höhle dürften nicht verletzt werden, denn dies seien ihre beiden jungen Söhne. Damit er sie auch nicht versehentlich angriff, beschrieb sie das Fell der beiden ganz genau.

Doch auch wenn ihn der Traum erschreckt hatte, ignorierte der Bauer die Worte seiner einstigen Frau. Auf der Jagd töteten er und die anderen Männer willkürlich alle Robben, die sie finden konnten, und teilten stolz ihre Beute untereinander auf. Der Bauer erhielt den gewaltigen Robben-Bullen, den sie gleich am Eingang der Höhle hatten erlegen können, sowie die Flossen zweier Welpen, deren Fell ihm seltsam bekannt vorkam.

Am Abend, während der Kopf des Bullen und die Flossen der Jungtiere köchelten, hörte man plötzlich Tumult aus dem Haus des Bauern. Die Selkie – seine einstige Frau – erschien in Gestalt eines angsteinflößenden Trolls, schnupperte an dem Topf und verfluchte mit donnernder Stimme die Gemeinschaft von Mikladalur.

Zur Rache an allen Männern von Mikladalur sollten so viele von ihnen auf See ertrinken und von den Berggipfeln herunterfallen, bis die Zahl der Toten genüge, dass ihre Hände um die gesamte Küste der Insel Kalsoy reichten.

In schäumender See verschwand die durch ihren Verlust gequälte Frau und wurde hernach nie mehr gesehen. Immer wieder aber sollten fortan Männer von Mikladalur ihren Tod in den hohen Bergen und tiefen Gewässern der Färöer finden.

***Mona Lisa Gnauck,*** *2000 geboren, studierte nach dem Abitur Geologie/Mineralogie an der TU Bergakademie Freiberg und absolvierte eine Ausbildung zur Journalistin. Neben ihrem Traumjob als Vollzeit-Mama studiert sie derzeit im Master Technikrecht und arbeitet als selbstständige Autorin und akademische Ghostwriterin. In ihren Texten verarbeitet sie gern bewegende, gesellschaftliche Themen, kombiniert mit Motiven aus der Natur, der menschlichen Vorstellungskraft und der schöpferischen Energie der Sprache.*

# Das Glöckchen von Zürich

**Eine Sage aus Zürich**

Die kleine Schlange war verzweifelt. Sie hatte in der Nähe des Flusses Limmat, unweit der Stelle, wo dieser mächtig aus dem Zürichsee strömte und sein Wasser an die Ufer schwappen ließ, im Schilf ein Nest gebaut und darin drei Eier gelegt. Doch nun hatte eine große hässliche Kröte ihr Nest gefunden und sich darin breitgemacht. Von ihrem Gewicht war eines der Eier eingedrückt und das Schlangenjunge darin war kläglich gestorben. Die Schlange hatte vergebens versucht, die Kröte zu verjagen. Doch diese sah die kleine, ungiftige Schlange nicht als Bedrohung an und blieb trotzig im Nest sitzen.

Die Schlange wusste sich keinen Rat. Aus Angst, die Kröte würde ihre zwei anderen Eier auch noch zerstören und so ihre ganze Nachkommenschaft töten, nahm sie all ihren Mut zusammen und kroch geschwind am großen Münster unweit des Flusses vorbei zum Amtshaus *im Loch*. Sie hatte gehört, dass dort ein ehrenhafter und über die Landesgrenzen hinaus berühmter Richter seine Arbeit tat. Um allen Bewohnern der Stadt eine gerechte Behandlung zu ermöglichen, hatte er im Freien eine kleine Glocke aufhängen lassen, direkt über der Stelle, an der die Stadtheiligen Felix und Regula begraben sein sollen. Ertönte die Glocke, wusste der Richter, dass jemandem ein Unrecht geschehen war und sein Schiedsspruch erforderlich war.

Als Richter Kaiser eines Tages seinen Amtsgeschäften nachging, wurde die Glocke geläutet und er schickte seinen Amtsdiener nachzuschauen, wer eine Klage vorbringen wollte. Bei genauerem Hinsehen entdeckte der Diener eine kleine Schlange am hin- und herschwingenden Glockenseil. Erstaunt über dieses Bild, aber seinem Auftrag folgend, eilte er davon, um dem Richter Meldung zu machen.

Richter Kaiser fand sich bald vor der Säule ein, neugierig geworden, was diese ungewöhnliche Bittstellerin von ihm wollte. Als die

Schlange ihn erblickte, ließ sie sich zu Boden fallen und bewegte sich flink dorthin, wo ihr Nest in den windbewegten Schilfbüscheln verborgen lag. Der Richter beugte sich zum Nest vor und erkannte die bedrohliche Situation mit einem Blick. Auf seinen Befehl hin hob der Amtsdiener geschwind, aber mit spitzen Fingern die Kröte auf und warf sie in einen großen Leinensack.

Wenige Augenblicke später versammelten sich alle im Amtshaus und der Richter verlas die Anklage: vorsätzliche Tötung. Dann forderte er die Kröte auf, Stellung zu nehmen, denn er war ein besonnener Mann, der nicht vorschnell urteilte.

Doch die Kröte blieb stumm und warf der Schlange unentwegt böse, bedrohliche Blicke zu. Da sah der Richter die Schuld der Kröte als erwiesen und verurteilte sie zum Tode, denn in jenen Zeiten galt: ein Leben für ein Leben. Kaum war das Urteil ausgeführt, verschwand die Schlange.

Der Richter dachte in den folgenden Tagen immer wieder an dieses Erlebnis, denn obwohl er auf seinen unzähligen Reisen viele wunderliche Dinge gesehen und gehört hatte, war die Begegnung mit der Schlange etwas ganz Besonderes gewesen. Noch niemals zuvor hatte ein Tier einen Schiedsspruch von ihm gefordert. Doch Richter Kaiser war bald wieder von seinen Geschäften in Anspruch genommen, sodass die Erinnerung zu verblassen begann.

Einige Wochen später saß er mit seiner Frau und seinen engsten Freunden beim Abendessen, denn am kommenden Morgen sollte er zu einer längeren Reise aufbrechen. Als alle nach ihren Weingläsern griffen, um auf sein Wohl und eine erfolgreiche Reise anzustoßen, bemerkte der Richter, dass in seinem Glas kein Wein war. Verwundert erblickte er auf dem Boden des Glases einen großen Edelstein, der strahlte und funkelte, sodass er seine Augen nicht davon lösen konnte.

Erst als seine Frau ihn am Arm fasste und auf einen Schatten bei der Eingangstür zum Speisesaal deutete, blickte er auf. Während die kleine Schlange dort geschmeidig über die Türschwelle nach draußen glitt, schwang ein heller Glockenton durch den Saal. Noch benommen vom Geschehenen eilte der Richter hinaus, um die Schlange zurückzurufen, doch sie war für immer verschwunden.

Richter Kaiser erkannte nun, dass Gott ihn geprüft hatte, und ließ zum Dank über der Stelle, wo sich das Schlangennest befunden hatte

– denn dieses war ebenfalls verschwunden – eine Kirche bauen, denn er war ein gläubiger Mann.

Noch heute steht dieses Wasserkirche genannte Gebäude an der Limmat. Den Edelstein schenkte der Richter seiner Frau, die ihn als Zeichen der gerechten Gnade Gottes behütete und an ihre Nachkommen weitergab. Der Edelstein ging irgendwann verloren, doch die Geschichte wurde über die Generationen weitererzählt – und so habe auch ich davon erfahren.

***Manuela Klemenz** arbeitet seit einigen Jahren an einer Schweizer Hochschule und nähert sich der 60. Wieder angefangen mit dem Schreiben, vor allem von Kurzgeschichten und Gedichten, hat sie vor sieben Jahren. Ihre weiteren Hobbys findet sie im handwerklichen Bereich. Im Juni hat sie erstmals eine Kurzgeschichte veröffentlicht.*

# Der alte Wolf

### Eine Sage aus Spanien

Ich hatte mich verfahren, war irgendwo falsch abgebogen, zu weit oder nicht weit genug gefahren und konnte irgendwann meinen Standort nicht einmal mehr auf der Karte ausfindig machen. Aber wenigstens gab es ein kleines Wirtshaus in diesem Dorf. Die Häuser, die Kneipe, ja sogar die warme, von der Nachmittagssonne getragene Luft schienen der Vergangenheit anzugehören.

Links von einer wuchtigen alten Holztür, praktisch auf der verstaubten Straße, denn Gehsteig gab es keinen, standen drei runde Caféhaustische aus Leichtmetall mit jeweils zwei Stühlen. Zwei alte Männer saßen nebeneinander an der Wand und hielten schweigend ihre Gesichter in die Sonne. Wie die Eidechsen bunkerten sie die Wärme mit ihren für diese Jahreszeit viel zu warmen Joppen und Wollmützen. Einer von ihnen war sicher weit über 80. Vor ihnen auf dem Tisch standen zwei Gläser, in einem schimmerte noch eine Lake abgestandenes Bier.

Ich setzte mich mit einem leichten Nicken meinerseits und unter misstrauischen Blicken ihrerseits an den Tisch daneben, ebenfalls mit dem Rücken zur Wand. Nachdem sich circa zehn Minuten niemand für mich interessierte, stand ich auf und ging hinein. Die Holztür jammerte mitleiderregend. Im abgedunkelten, leeren Gastraum schienen Sonne und Wärme nie anzukommen. Hinter der Theke stand eine Frau um die 40. Sie trug eine saubere, helle Schürze über einer schwarzen Bluse. Ihre tiefschwarzen Haare waren so sehr nach hinten gerafft, dass ich sogar das Ziehen spüren konnte. Sie polierte gerade hingebungsvoll den Zapfhahn. Ich grüßte freundlich und bestellte einen Kaffee. Sie schüttelte den Kopf und ich versuchte es mit Tee. Erneut machte sie eine verneinende Kopfbewegung. Ich fragte sie, was sie denn hätte, und sie deutete mit dem Kopf auf den mittlerweile glänzenden Messing-Zapfhahn. Ich nickte und wartete, bis sie bedächtig ein Glas vom Regal hinter sich nahm, es bis ganz oben füllte und vor mir auf die Theke stellte. Dann legte ich ein paar Pesetas auf den Tisch, nahm mein Bier und ging wieder an meinen Tisch.

Irgendwo hier in der Nähe, in der Nordmeseta, auf ungefähr 800 Metern Höhe hatte ich vor zwei Monaten einem Bauern eine Holztruhe abgekauft, die ich damals aus Platzgründen nicht mitnehmen konnte. Ich hatte dem Mann das Geld gegeben und ihn gebeten, sie für mich aufzubewahren. Er hatte zustimmend genickt und wir stellten sie gemeinsam in seinen Schuppen. Sie war sehr schwer.

Den Namen des Dorfes aufzuschreiben oder mir sonst irgendetwas zu merken, auf die Idee war ich damals nicht gekommen. Ich hatte aber eine ziemlich präzise Idee, wo das gute Stück auf mich warten würde. Dachte ich jedenfalls. Mein Herumirren blieb indes erfolglos. Irgendwann wurde mir klar, dass ich das Dorf nicht finden würde. Es ging mir gar nicht so sehr darum, dass ich die Truhe schon bezahlt hatte, obwohl der Betrag ein Loch in mein Budget gerissen hatte. Ich hätte sie einfach so gerne gehabt.

Als mein 0,2-Glas leer war, fragte ich meine Tischnachbarn nach dem Weiler, in dem meine Truhe auf mich wartete. Ich beschrieb den Ort ein wenig, aber da ich weder den Namen des Dorfes noch den des Bauern kannte, war es schwierig, irgendwo einen Anhaltspunkt zu finden. Sie blickten mich mitleidig und ein wenig argwöhnisch an. Ich weiß gar nicht mehr genau, wie wir dann doch ins Gespräch kamen. Zuerst holte ich mir noch ein 0,2-Glas Bier, trank es schweigend, meine Landkarte studierend, aus. Ich fühlte mich wohl hier in der Sonne, beschloss, ein drittes Bier zu trinken, und fragte die beiden Alten, ob ich sie einladen dürfe. Sie blickten sich kurz an und nickten dann. Ich holte die kalten Biere, stellte sie auf den Tisch und rückte meinen Stuhl mit einem metallischen Krächzen näher an sie ran. Wir schwiegen eine Zeit lang zu dritt die Sonne an. Als ich ihnen eine Karte zeigen wollte, um vielleicht doch den Ort ausfindig zu machen, merkte ich an ihrer Reaktion, dass sie mit Landkarten nicht vertraut waren, sie nicht brauchten.

Kurz darauf nahm der Ältere von den beiden einen sparsamen Schluck aus dem Glas und fing zu reden an. Ich merkte schnell, dass seine Geschichte nichts mit meiner Truhe zu tun hatte, aber schon der erste Satz faszinierte mich. Ich war gerade dabei, eine Sternstunde der Legende zu erleben.

„Der Dorfälteste“, fing er geheimnisvoll an zu reden, „gibt diese Geschichte immer an die Nachkommen weiter. Er ist dafür verantwortlich, dass sie nicht verloren geht, und muss die mündlich überlieferten, bruchstückhaften Fakten, vagen Behauptungen, persönlichen Erinnerungen zusammenhalten und weitersagen. Er darf etwas hinzufügen, aber die Legende nicht verändern.“

Der Alte nahm einen weiteren bedächtigen Schluck und setzte seinen Vortrag fort: „Während drei der härtesten und kältesten Winter seit Menschengedenken peitschte bei Vollmond regelmäßig ein aggressives Wolfsrudel, angeführt von einer riesigen, blutrünstigen Kreatur, einer Kreuzung aus Wolf und Vampir, durch die Gegend. Die Dorfbewohner verbarrikadierten die Türen, brachten das Vieh so weit möglich in Sicherheit und niemand wagte sich hinaus. Die Frauen beteten, die Männer lagen auf der Lauer. Am Morgen danach boten die geronnenen Kadaver gerissener Kühe, Schafe, Hunde eine tragische Szene der Verwüstung. Enorme Abdrücke einer geschnürten Spur einer Pfote in Schnee und Matsch hinterließen eindeutige Beweise dieser schaurigen Nacht. Nur wenige hier bei uns haben diesen Wolf-Vampir wirklich gesehen, gehört schon. Die Tiere können es hingegen erschnüffeln.“

Mythen und Legenden faszinierten mich von jeher und ich wollte mehr darüber hören. Der Alte wollte aber nicht weiterreden und schickte mich zum Apotheker am Ort, Don Sebastian. Ich erfuhr, dass dessen Großvater, ebenfalls Pharmazeut, vor vielen Jahren zu der Jagdgesellschaft gehörte, die das gefährliche Ungeheuer unschädlich machen sollte. Während Don Sebastian redete, holte er als Beweis seiner Worte ein geschwärztes Stück Gips aus einem Eckschrank und hielt es mir wie ein unbezahlbares Juwel vor die Augen. Sein Großvater höchstpersönlich hatte damals in der Nähe des Flusses diesen Gipsabdruck gegossen. Genau an diesem Ort in der Nähe des Schafstalls verendete seinerzeit qualvoll ein prächtiger Bulle. Der alte Wolf hatte ihn laut seinen Aussagen in einer grausam strategischen, aber brillanten Aktion in Stücke gerissenen.

Ich vergaß meine Truhe, nahm mir ein Zimmer im Gasthof und blieb. Der Sohn der Wirtin, Pepe, erzählte mir am Morgen darauf beim Frühstück von einem Zeitzeugen, der ein wenig außerhalb des Ortes lebte und bot mir an, mich zu ihm zu bringen.

Jaime, ein zahnloser, sehr alter, aber im Kopf klarer Mann, bat uns ins Haus und erzählte bereitwillig, was er als Kind vor mehr als sechzig Jahren erlebt hatte. Obwohl Pepe diese Geschichte sicher schon tausendmal gehört hatte, verfolgte er Jaimes Erzählungen mit aufgerissenem Mund.

„Vor langer Zeit, an einem eiskalten, klirrenden Dezembertag lud Jaime, der noch keine vierzehn Jahre alt war, Wein und Essen auf sein Maultier und machte sich mit seinem riesigen, hellbraunen Mastiff auf den Weg zum Schafstall, wo sein Vater, der Vorarbeiter der Schäfer, ihn erwartete. Das Maultier bockte und wollte sich zuerst nicht in Bewegung setzen. Es war ein für hier typisch klarer, kalter Winternachmittag. Die scharfe Brise schnitt wie tausend Messer in die Haut. Eine schwere Segeltuchdecke um seinen Körper gewickelt, ging Jaime den von Feigen- und Olivenbäumen eingesäumten und mit jedem Trott schmäler werdenden Weg hinter dem Dorf hinab. Ein bissiger Nordwind pfiff um Jaimes Ohren, als er den Pilgerweg hinauf kletterte. Ein dem Sonnenuntergang vorausgehender braunweißer Nebel verschluckte die Welt hinter ihm. Jaime beschleunigte sein Tempo, um das Tageslicht zu nutzen. Eine seltsame, ungewohnt stille, gespenstische Vorahnung umhüllte den Eichenhain hinter der ersten Schlucht. Jenseits der Berge drohten stirnrunzelnde, düstere Wolken aufzubrechen.

Jaime hoffte inständig, vor der Dämmerung anzukommen, und spornte erneut sein Maultier an. Dieses schnarchte nervös, kratzte mit den Hufen ein Gemisch aus Eis und Staub aufwirbelnd und lief im Zickzack weiter. Ein krächzender Rabe stellte sich ihnen in den Weg und das Tier blieb abrupt stehen. Jaime erkannte mit klappernden Zähnen, dass auch das Maultier große Furcht hatte. Der aufkommende Sturm des zu Ende gehenden Tages rief die bedrohlichen Geschichten um den blutrünstigen Wolf hervor. Es schauderte ihn. Als er endlich die Lichtung erreicht hatte, verlor sich gerade der letzte Lichtschein am Horizont. Jaime bog in den Pfad aus Baumstämmen ein, der die Schlucht hinauf zur Brücke führte. Vor ihm lief der immer aufgeregtere Mastiff vor und zurück und erschnüffelte überreizt und geräuschvoll Spuren zwischen den Zistrosen und dem Rosmarin, von denen er wusste, dass sie nicht von Füchsen oder sonstigem Wild stammten.

Als der Junge den tosenden Wasserfall und die Brücke erreichte, kündigte sich drohend ein Schneesturm an, der nur Sekunden später wütend über die Wipfel jahrhundertealter Kiefern prügelte. Bald darauf legte sich der Sturm ebenso plötzlich wieder, wie er gekommen war, und hinterließ weiß gesprenkelte Äste und eine noch unheimlichere, ja bedrohliche Stille unter den länger werdenden Schatten auf der Lichtung.

Der verängstigte Junge verharrte kurz im Sattel. Er vermeinte, ein Spiegeln der Augen des Wolfes in den letzten glitzernden Strahlen des sterbenden Nachmittags wahrnehmen zu können. Das aufgeregte Maultier zu bändigen, verlangte seine ganze Aufmerksamkeit und er merkte erst viel zu spät, dass er vom Weg abgekommen war. Die Nacht reiste mit einem ersten fernen Heulen im Gepäck an. Wie ein blinder Passagier versteckte es sich hinter dem Pfeifen des Windes.

Beim Näherkommen gesellten sich andere düstere Naturgeräusche hinzu. Jaimes Sinne schwanden. Verloren und im Kreis reitend würde er eine leichte Beute für den Wolf sein. Jaime beschloss, in einer Baumkrone Schutz zu suchen und dort auf den Vater zu warten, der sicher schon geplagt von Sorgen auf dem Weg zu ihm war. Der Junge sattelte flink das Maultier ab, aber noch bevor er es am Baum festbin-

den konnte, riss es sich los und lief mit klackernden und nach hinten ausschlagenden Hufen schreiend davon. Am nächsten Morgen hat man das Tier zerfetzt bei den Ställen gefunden.

Fest in seine Decke gewickelt legte Jaime sich in eine Gabelung zwischen zwei dicke Äste. Von dort aus würde er die Stimme des Vaters hinter dem Jaulen des Windes heraushören können. Die Nacht war nun hereingebrochen. Obwohl Jaime den Tränen nahe und starr vor Angst war, siegte die Erschöpfung und er sank, eingehüllt von Frost und Furcht, in eine wachsame Bewusstlosigkeit, durch die irgendwann die Rufe seines Vaters zu ihm durchdrangen. Dieser holte ihn schnell aus dem Baum und nahm ihn mit ins Lager.

In der Hütte des alten Simon richteten ihm die Männer ein Bett auf einer Eichenbank direkt neben dem Kamin und zwischen dem Vater und den anderen Hirten. Das wärmende Feuer und eine dampfende Suppe aus Kartoffel und Hülsenfrüchten ließen ihn bald die Schrecken seiner Reise vergessen. Jaime genoss mit morbidem Schauder die gruseligen Geschichten, die die Hirten sich gegenseitig erzählten, bevor sie sich in ihre eigenen Hütten zurückzogen. Von Müdigkeit übermannt, schlief er schnell ein.

Die Schäfer merkten aufgrund der nervösen Unruhe ihrer Tiere, dass der alte Wolf samt seiner Armee, angelockt durch den Geruch des pulsierenden, frischen Fleisches, im Anmarsch war. Sie hielten abwechselnd Wache und versuchten, die erregten Schafe zu beruhigen. Sie kannten das Kratzen der Wölfe an den Hütten und es versetzte sich in Schrecken.

Das Rudel näherte sich mit einem Tod und Verrottung ankündigenden lang gezogenen, zischend stammelndem Heulen. Die mondhelle, klare Dezembernacht verwandelte sich in eine Unheil verkündende. Als die Schäfer dem bevorstehenden Angriff entgegenzitterten, waren die letzten Kerzen in den Hütten bereits heruntergebrannt. Die Kühe und Kälber grasten gleichgültig, während die Bullen laut schnaubend nervös hin und her trabten. Sie witterten die Gefahr und würden ihre Brut bis aufs Blut verteidigen.

Um Mitternacht beugte sich der Schatten des alten Simon über das Bett des Jungen und flüsterte ihm zu: „Junge, wach auf, komm mit und du wirst etwas sehen, das du in deinem ganzen Leben nicht vergessen wirst.“ Schlaftrunken, mit einer großen Decke über den Schultern, folgte Jaime dem Alten zum Fenster. Sein Gesicht in der

Fensterscheibe verlor sich in dem bläulichen Schein, der durch die Nacht hereindrang. Der Vollmond brachte Hörner und Hufe des Viehs zum Leuchten. Die Tiere waren nun von einer hysterischen Erregung ergriffen und das schwerer werdende Stampfen ihrer Hufe erinnerte an einen Kataklysmus, an einen Zusammenbruch im Schoß der Erde.

Die phosphorige, schwarz-blaue Landschaft und das ständige Rauschen des Windes verbanden sich mit der gigantisch-bedrohlichen Dunkelheit der Hochebene im Hintergrund. Traum und Albtraum verwischten sich. Der hungrige Wolf und sein Rudel waren noch nicht zu sehen, aber sie hatten ihre Beute längst erwittert und ausgekundschaftet. Ihre geballte Aggression, ihre gezielte Vitalität kannte nur einen Zweck: den Zweck, zu töten.

Vor den erstaunten Augen des vor Aufregung und Kälte zitternden Jungen formten die aufgebrachten Kühe in scheinbarer Unordnung einen Verteidigungskreis im Igelverfahren. Sie formierten sich mit ihren Köpfen nach außen, um durch Schieben und Stoßen ihrer Hinterteile die Kälber und Schwächeren im Kreis, die sich selbst gegen den Wolf nicht verteidigen konnten, zu schützen. Die klopfenden Bewegungen dieses mächtigen Igels aus Fleisch und Muskeln riefen Impulse hervor, die aus dem instinktiven Bestreben nach Beständigkeit entstanden.

Dann sah er ihn. Der Junge erkannte ihn sofort: Almanzor, ein besonders tapferer, schöner, dreijähriger schwarzer Stier, der mit dem Vaterbullen und den größten Ochsen um das Verteidigungssystem der Kühe kreiste und mit geballter, entfesselter Wut auf den Angriff der Wölfe zu warten schien.

Der Angriff kam plötzlich ohne jede Vorwarnung. Unsichtbar und mit beängstigender Geschwindigkeit tauchten die dunklen Silhouetten der Wölfe auf und verschwanden genauso schnell wieder. Dies manifestierte sich vor allem am Zittern des Kuh-Igels. Angetrieben und provoziert von den Flankenstößen der flinken Wölfe wehrten sich die Stiere mit der Kraft ihrer Muskeln und Hörner. Von Zeit zu Zeit ertönte in der Hitze des Gefechtes, inmitten dem Knurren und Scharren und dem Gemisch von Dunkelheit, Kälte, Schweiß und kochendem Blut, ein Todesgeheul: Ein Wolf war vom Horn erwischt und in der Luft aufgespießt worden, bis er einige Meter weiter entfernt mit aufgebrochenem Bauch zu Boden fiel. Sein Blut spritzte, dampfte vor Kälte und seine noch pochenden Eingeweide wurden umher gestreut, von den Bullen zertrampelt und von den anderen Wölfen, den unverletzten, gnadenlosen Kameraden, verschlungen.

Mit feuchten Augen sah er ihn, Almanzor, mit dem Jaime als Kalb den Stierkampf zu üben pflegte, wie er rasend vor Zorn und Ohnmacht vom Kuh-Igel getrennt wurde. Ein Dutzend Wölfe verfolgte den Bullen knurrend, heulend und wahnsinnig vor Hunger und Mordlust. Sie trieben ihn zwischen die Eschenbüsche, die den Fluss säumten.

Jaime wusste, dass dieses Manöver der blutrünstigen Bestien Almanzor zum Verhängnis werden würde, und er konnte nichts tun, als in erstickender Angst zuzusehen, wie sich auf einer von Schilf und Eschen flankierten Wiese und nassem Sand in der Nähe des eisigen Flusses sein Ende ankündigte. Die Wölfe erwarteten und konterten die Angriffe des Stieres mit Vorsicht. Immer wieder schnellten ihre Stöße in Almanzors bereits blutende Flanken, bis er sichtlich erschöpft am Ende war.

Fiebrig und angestachelt vom Geruch des Blutes und animiert vom alten Wolf, der noch nicht in die Schlacht eingetreten war, sondern von einer nahen Klippe aus mit eisigen Augen alles beobachtete, griffen seine Soldaten den erschöpften Almanzor immer heftiger an, verletzten ihn mit Stößen ihrer Vorderbeine und rissen mit ihren scharfen Kiefern tiefe Löcher in seinen Bauch, seine Pfoten und seine Hoden.

Das Wolfsrudel widerstand den verzweifelten Gegenschlägen von Almanzor. Erst als die Wölfe ihrerseits geschwächt waren, kam es zum vorläufigen Waffenstillstand. Erschöpft von der Anstrengung und dem Blutverlust begann der Bulle, Unkraut und Heilpflanzen zu knabbern, und sammelte seine letzten Kräfte für den definitiven Angriff, der unmittelbar bevorzustehen schien. Die Wölfe, dezimiert und viele von ihnen verwundet, keuchten unbeweglich und richteten die Augen auf ihre Beute. Es passierte nichts. Sie hielten ihn in Schach, hielten ihn bereit, für ihren General, den alten Wolf.

Der Morgen dämmerte schon, als die furchterregende Ur-Bestie seinen Bauch vom Felsen hob und mit langsamen Schritten seines weisen Alters, ohne den Stier eines Blickes zu würdigen, in gerader Linie auf den Fluss zuging. Dort, ohne zu zögern, folgte er seinem unausweichlichen Ritus und tauchte bis zum Kopf in das transparente, eisige Wasser ein. Anschließend wälzte er sich nass, eifrig und gewissenhaft am Ufer, bis er ganz mit dem groben Sand zugeschmiert war, ja selber zu Schlamm wurde. Sein in jahrelangen Gefechten entwickelter und scharfer Instinkt hatte ihn gelehrt, sich nie von seinen Feinden erschnüffeln zu lassen. Vorsichtig nahm er den Gegenwind als Route, um sich dem Stier zu nähern. Riesige Fußabdrücke als einziges Zeugnis auf dem Weg hinterlassend.

Der alte Wolf war immer noch wendig und seine primordial-meditative Strategie zeugte von einem rationalen Verstand. Mit einem dumpfen und flinken Grunzen näherte sich der Wolf bedächtig, bis er nur noch einige Schritte von Almanzor entfernt war.

Dieser verdrängte Müdigkeit und Schwäche und sein geschundener Körper rappelte sich erneut mit allerletzter Kraft auf und ging in Angriffsstellung. Der alte Wolf hingegen stellte sich auf eine Seite des Stiers und schüttelte mit ein paar wendigen Sprüngen kräftig den Sand von seinem Körper.

Almanzor versuchte einen Ausfallschritt. Der fliegende Sand blendete ihn und machte es ihm unmöglich, seinen Feind zu lokalisieren. Das gewiefte Untier schnüffelte sich nahe und achtsam an ihn heran, musterte vorsichtig seinen verzweifelten Gegner und genoss die entfesselte, imposante und blinde Raserei von Almanzor, der sich bereits auf verlorenem Posten befand und in seiner letzten großen Verzweiflung unsichtbare Feinde aufspießte und so das letzten Quäntchen Kraft vertat, das ihm noch blieb.

Der alte Wolf wartete philosophisch, geduckt und angriffsbereit auf seinen Moment. Almanzors erste Unachtsamkeit nutzend, schleuderte das Wesen mit einem Donnerschlag sein Gewicht an eine Seite des Stiers und brachte ihn für einen Augenblick aus dem Gleichgewicht. Almanzor fiel schon dem Tode nahe zu Boden, von wo er sich trotz kapitaler Bemühungen nie wieder aufrichtete. Der alte Wolf stieß einen Todesruf aus, spreizte die Nüstern des Stiers und durchtrennte dann mit seinen scharfen Reißzähnen Almanzors Halswirbel. Jaime konnte die traurigen Augen des Tieres sehen, bevor es verendete. Anschließend verschwand der Wolf, so wie er gekommen war. Am nächsten Morgen fand die Jagdgesellschaft vier halb tote und drei tote Wölfe auf dem verwüsteten Schlachtfeld um die Koppel herum. Zwei davon mit von Hufen zertrümmerten Schädeln."

Jaime hatte seine Geschichte in der dritten Person und sehr plastisch erzählt. Ich war beeindruckt und bat ihn, mich zu begleiten. Ich wollte den Weg, den er damals als Junge mit dem Maultier zurückgelegt hatte, mit ihm abfahren. Mein alter R4 würde mir die mittlerweile etwas ausgebauten Forststraßen verzeihen.

Es sah genauso aus, wie er es beschrieben hatte. Nach einer knappen Stunde wurde mir klar, dass ich genau hier vor zwei Monaten vorbeigekommen war, und ich dachte kurz an meine Truhe. Wir setzten schweigend unseren Weg zwischen Zistrosen und Rosmarin fort, ich sah den Wasserfall, der immer noch mit tosender Gewalt die glänzenden Felsen aushöhlte und auch die alten Kiefern mit ihren vom Wind gebeutelten Ästen schien es noch zu geben. Die Zeit schien hier keine Spuren hinterlassen zu haben.

Jaime zeigte mir auch den Baum, in dem er damals auf seinen Vater gewartet hatte. Der Schafstall war nur noch eine Ruine. Jaime blickte voller Sehnsucht und Nostalgie auf die Weide davor. Seine Gedanken gehörten Almanzor und dem alten Wolf, dem niemand je so nahe gekommen war wie er, der Junge Jaime, damals, vor vielen Jahren im Winter.

„Das Dorf, das Sie suchen, da vorne ist es“, sagte er teilnahmslos.

***Christa Blenk*** *hat jahrelang im Ausland, darunter auch einige Jahre in Spanien, gelebt und gearbeitet. Sie veröffentlicht regelmäßig Kurzgeschichten und Erzählungen in unterschiedlichen Anthologien und Literaturzeitschriften und schreibt seit über zehn Jahren regelmäßig für das Berliner Online Magazins KULTURA EXTRA über Musik, Reisen, Literatur und Kunst.*

# Risin og Kellingin

## Eine Sage von den Färöer-Inseln

Eisige Winde wehten über die schroffen, finsteren Felsen von Norden herab, als vor langer, langer Zeit die Riesen im Schutz der Dunkelheit nach Osten blickten. Fernab ihrer Heimat konnten sie die Küste einer Inselgruppe im Dunst der See ausmachen. Inseln, die sich nie ihrer Herrschaft gebeugt hatten. Neidvoll entschieden sie, dass die Färöer zu Island gehören sollten. Fest entschlossen, Island um weitere Inseln zu bereichern, beauftragten sie einen Riesen und eine Hexe, die begehrten Färöer zu stehlen.

Die beiden zögerten nicht und brachen umgehend auf, um den Plan in die Tat umzusetzen. Nachdem sie den Ozean durchschritten hatten, erreichten sie im äußersten Nordwesten die schroffe Küste jener unwirklichen und doch faszinierenden Inselgruppe.

Sofort machten sie sich ans Werk. Die Hexe kletterte den dunklen, grauen Fels des Berges Eiðiskollur hinauf, um an dessen Gipfel ein Seil zu befestigen. Dann warf sie selbiges zum Riesen ins Meer hinunter.

Dieser begann sogleich, daran zu ziehen, um die erste der Inseln in seine Heimat zu schleppen. Er schnaubte und stöhnte und riss so heftig an dem Seil, dass die Nordspitze des Berges brach. Die Hexe befestigte das Seil abermals und gemeinsam zogen sie mit aller Kraft, doch die Insel bewegte sich nicht.

Die ganze Nacht versuchten sie es wieder und wieder. Sie ächzten und kämpften, doch all ihre Mühen blieben ohne Erfolg.

Sie waren gar so in ihre Versuche, den Berg zu bewegen, vertieft, dass sie vergaßen, auf den sich langsam rötlich verfärbenden Himmel zu achten. Erst als die Sonnenstrahlen des neuen Tages den Horizont berührten, wurden sie sich ihrer gewahr. Zu spät wandten sie sich ab. Im Meer stehend versteinerten sie, sobald das warme Licht ihre Haut berührte.

Und so stehen sie noch heute da, die stummen Zeugen längst vergangener Zeiten, und starren sehnsuchtsvoll nach Westen, ihrer Heimat Island entgegen.

***Mona Lisa Gnauck,*** *2000 geboren, studierte nach dem Abitur Geologie/Mineralogie an der TU Bergakademie Freiberg und absolvierte eine Ausbildung zur Journalistin. Neben ihrem Traumjob als Vollzeit-Mama studiert sie derzeit im Master Technikrecht und arbeitet als selbstständige Autorin und akademische Ghostwriterin. In ihren Texten verarbeitet sie gern bewegende, gesellschaftliche Themen, kombiniert mit Motiven aus der Natur, der menschlichen Vorstellungskraft und der schöpferischen Energie der Sprache.*

# Der Rattenfänger von Hameln

## Eine Sage aus Hameln

Ich radele in Richtung Norden, immer die Weser im Blick, die in der Sonne funkelt, und die Berge weichen zurück und machen Platz für Wiesen, Felder und kleine Dörfer. Auch heute spüre ich den heißen Atem des Sommers, aber das halte ich schon aus. Er kann mich ruhig noch eine Weile verfolgen.

Nach zwanzig Kilometern erreiche ich Hameln und will das *geheimnisvolle Dunkle* erkunden, das es in dieser Stadt laut Reiseführer geben soll. Immerhin trieb hier der finstere Rattenfänger sein Unwesen.

Im Jahr 1284 soll in der Stadt Hameln eine große Rattenplage geherrscht haben, als ein wunderlich gekleideter Spielmann in die Stadt kam und sich bei den Bürgern als Rattenfänger anpries. Er kam mit ihnen für einen angemessenen Lohn überein, die Stadt von den Ratten zu befreien. Er zog also seine Pfeife aus dem Rock und begann zu spielen, und alsbald krochen die Ratten in großer Zahl aus ihren Löchern und folgten ihm zur Weser. Dort schürzte der Rattenfänger seine Kleider und stieg in den Fluss – und die Ratten ertranken alle.

Dann begehrte der Rattenfänger seinen Lohn. „Ich habe euren Auftrag getreulich ausgeführt, nun gebt mir, was wir vereinbart haben", mag er wohl gesagt haben.

Doch die Bürger nahmen Zuflucht zu allerlei Ausflüchten. Vielleicht behaupteten sie, noch die eine oder andere Ratte in der Stadt gesehen zu haben. Oder sie meinten, er hätte ja keine große Mühe aufwenden müssen. Jedenfalls zog der Spielmann zornig von dannen.

Um wiederzukommen, jetzt in der Tracht eines Jägers. Wieder zog er seine Pfeife aus der Tasche und begann zu spielen – und dieses Mal waren es nicht Ratten, sondern Kinder, die ihm folgten. 130 Kinder an der Zahl, Buben und Mädchen von vier Jahren an aufwärts. Ich sehe sie vor mir, wie sie im Gänsemarsch hinter dem unentwegt seine Pfeife spielenden Rattenfänger hertrippelten – wie kleine Marionetten, die mit unsichtbaren Fäden an dem Rattenfänger hingen. Sie verschwanden für immer.

Irgendein wahrer Kern muss in der Sage stecken. Offenbar spielte sich hier im Mittelalter etwas Schreckliches ab, das bis heute nachwirkt, darauf gibt es viele Hinweise. Am 26. Juni 1284 verschwanden laut Stadtchronik 130 Kinder aus der Stadt. Die Trauer der Bürger war so groß, dass sie sogar eine neue Zeitrechnung einführten. Von da an galt die Zeit nach dem Verschwinden der Kinder. Auf einem alten Torstein steht die lateinische Inschrift:

*1556, nachdem vor 272 Jahren der Zauberer 130 Kindlein von der Stadt entführt hat, ist das Tor gegründet worden.*

Und auf einem Zierbalken in der Seitenwand eines historischen Hauses heißt es in einer Inschrift:

*Anno 1284 am Dage Johannis et Pauli war der 26. Juni – dorch einen Piper mit allerley Farve bekleidet gewesen CXXX Kinder verledet binnen Hameln geboren – to Calvarie bi den Koppen verloren.*

Auf der Straße, in der das Haus mit der Inschrift steht, sollen die Kinder damals aus der Stadt gezogen sein. Dort darf bis heute keine Musik gespielt werden und den erwähnten Koppenberg gibt es wirklich östlich der Stadt. Der Sage nach war ein Kindermädchen mit einem Kind auf dem Arm dem Zug von ferne gefolgt, dann aber umgekehrt. Sie berichtete, die Kinder seien in diesem Berg verschwunden.

Noch drei weitere Kinder sollen dem Bann des Rattenfängers entkommen sein. Ein Junge kehrte um, weil er seine Jacke vergessen hatte. Als er zurückkam, waren die Kinder schon im Berg verschwunden. Zwei andere Kinder, das eine blind, das andere stumm, verspäteten sich und blieben so verschont. Der Blinde konnte davon erzählen, warum sie dem Rattenfänger gefolgt waren, und der Stumme auf den ominösen Koppenberg als den Ort des Verschwindens weisen.

Ich habe also allen Grund, mich zu gruseln, und warte auf das Gänsehautgefühl, das die Stadt auslösen soll, aber – nichts. Es ist nur eine ganz normale Fachwerkhaus-Altstadt mit von Touristen bedecktem Zentrum. Hübsch zweifellos, aber …

Doch da – ein Flötenton! Dann noch einer, eine Melodie entsteht – mit seltsamen, ineinander verschlungenen Motiven. Der Rattenfänger beginnt zu spielen, und ich muss ihm folgen, hinaus aus der Stadt – und Schwärme von Radfahrern mit mir, die sich auf den Weserradweg ergießen.

***Dr. Thomas Melerowicz:*** *Der Autor ist Jahrgang 1956 und lebt in einer kleinen Stadt in der Nähe Berlins. Von Beruf Chemiker, ist er neben den exakten Naturwissenschaften auch sehr an Belletristik interessiert. Er hat langjährige Erfahrungen als Ghostwriter gesammelt und veröffentlichte außerdem eigene Kurzgeschichten in verschiedenen Anthologien und Zeitschriften. Ob Krimi, Fantasy, Science-Fiction oder romantische Erzählungen – der Autor versuchte sich in vielen Genres, doch besonders liegen ihm skurril-heitere, aber auch düster-geheimnisvolle Kurzgeschichten.*

# Die Stierwascher von Salzburg

**Eine Sage aus Salzburg**

Im 15. Jahrhundert, also am Ende des Mittelalters und dem Beginn der Neuzeit, gab es unzählige kleine und größere kriegerische Auseinandersetzungen im heutigen Europa.

Als Bürger einer Stadt oder einer gut gesicherten Festung ging es den Menschen meist besser als den Bauern, die vor den Toren der Stadt ihre Äcker und Ställe besaßen.

So war das Leben in der Stadt Salzburg, die von kräftigen Wehrmauern umgeben war, nicht schlecht für die Bewohner. Die Stadtherren forderten immer mehr Steuern von den lehenspflichtigen Bauern und ließen es sich innerhalb der Stadtmauern recht gut gehen. Natürlich maulten und beschwerten sich die Bauern immer wieder, aber es half nichts. Sie waren angehalten, den halbjährlich anfallenden Viehtaler zu bezahlen, ohne Wenn und Aber.

Immer wieder kam es daher zu kleinen Scharmützeln, die auch unter dem Namen *Bauernkriege* in die Geschichte eingingen.

Noah, der jüngste Sohn des Stadtkommandanten, spielte wieder einmal mit seinen Freunden vor den Stadtmauern an der Salzach. Sie bemühten sich vergebens, Fische für den Mittagstisch zu fangen, und waren schon ordentlich durchnässt, denn immer wieder fiel einer der Knaben ins Wasser.

„Seht dort am Horizont!“, schrie Noah plötzlich und deutete mit seiner Rechten in die Ferne. Dichte Staubwolken waren zu erkennen.

„Nicht schon wieder Plünderer oder Möchtegern-Krieger!“, stöhnte einer der Freunde laut auf.

„Packen wir lieber zusammen und schauen, dass wir in die Stadt kommen! Ich will es gleich meinem Vater berichten!“, erklärte Noah. „Und warnt auch eure Eltern. Noch wissen wir nicht, was oder wer da auf uns zukommt!“

Der Stadtkommandant stieg umgehend auf die Wehrmauer und überzeugte sich von dem, was sein Jüngster gesehen haben wollte. Er erkannte die drohende Gefahr für die Stadt und ließ sogleich alle Tore schließen und zusätzlich verbarrikadieren. Danach informierte er die Stadträte und Würdenträger. Ein Reiter galoppierte von Haus zu Haus, um die Städter zu warnen.

Tatsächlich näherten sich unzählige Kriegsknechte, die die Stadt erobern wollten.

Noch sah man keine große Gefahr in den Belagerern, doch mit den folgenden Wochen änderte sich die Situation dramatisch, denn die außerhalb der Stadt wohnenden Bauern schlossen sich dem Kriegsvolk an. Der Stadtkommandant befahl der Bevölkerung strenges Fasten in der Hoffnung, dass man so die prekäre Lebensmittelknappheit umschiffen konnte.

Doch es war vergebene Liebesmüh, es kam der Tag, wo es in der Stadt Salzburg nur mehr einen einzigen Stier gab. Die Hungersnot war groß und Salzburg steuerte in eine Katastrophe. In letzter Sekunde kam dem Stadtkommandanten eine Idee.

„Wir bringen morgen unseren einzigen Stier, den wir noch besitzen, auf die Festungsmauer, und zwar so, dass die Belagerer erkennen können, dass wir nach wie vor genug zu essen haben!", erklärte er den übrigen Stadträten und Würdenträgern.

Nachdem alle einverstanden waren, wurde der Plan am nächsten Morgen in die Tat umgesetzt. Nach geraumer Zeit holten sie das Tier von der Mauer und begannen, den scheckigen Stier nun weiß anzumalen.

Am folgenden Morgen wanderte ein weißer Stier über die Festungsmauern, was den Belagerern natürlich auffiel. Verwundert nahmen sie die Tatsache zur Kenntnis. Am darauffolgenden Morgen spazierte ein pechschwarzer Stier auf der Festungsmauer herum.

Die Krieger waren nun der Meinung, dass es sinnlos wäre, die Stadt länger zu belagern, da die Bewohner anscheinend noch immer über genügend Lebensmittel verfügten. Die fremden Kriegsknechte machten sich daher im Dunkel der nächsten Nacht aus dem Staub. Sie kamen zu der Überzeugung, dass die Belagerung nicht den gewünschten Erfolg gebracht hatte.

Als man in der Stadt erkannte, dass die Belagerer abgezogen waren, herrschte Erleichterung und großer Jubel. Der Stadtkommandant wurde beglückwünscht ob seiner guten Idee. Die Stadttore wurden geöffnet und die Bewohner brachten den pechschwarzen Stier gemeinsam zur Salzach, wo sie ihn so lange wuschen, bis er wieder braun gefleckt war.

Aus diesem Grund hört man immer wieder die Bezeichnung *Stierwascher*, wenn von der Bevölkerung Salzburgs gesprochen wird.

***Hannelore Futschek** wurde 1951 in Wien geboren. Nach Matura und Studium heiratete sie und zog mit ihrer Familie 1984 ins Weinviertel. Sie übte mehrere Berufe aus, unter anderem als Bankangestellte, Bestatterin und Angestellte im Arbeitsmarktservice. Seit der Pensionierung begann sie Kurzgeschichten zu schreiben. Das Spektrum hat sie um Romane erweitert, die Liebesgeschichten, Biografien und Krimis zum Thema haben. Bis dato wurden in mehreren Anthologien ihre Kurzgeschichten veröffentlicht.*

# Silbermond

### Eine Sage aus Thüringen

Das Hinaustreten in die Nacht gleicht einem Eintauchen in eine Nebelwand. Vorsichtig setzt Karl einen Fuß vor den anderen. Der ungewohnt viele Alkohol verhindert ein Übriges für trittsicheres Gehen. Zwischen Langula bis Oberdorla liegen nur ein paar Tausend Schritte.

Achim Ackermanns Werkstatt-Feier ist als durchschlagender Erfolg zu verbuchen. Karl hatte viel gelacht, mit den Mädels geschäkert; mit den Kumpels mehr oder weniger anständige Witze ausgetauscht. Über den einen oder anderen hätte der Dorfpfarrer zumindest seine christliche Nase gerümpft.

Der immer noch vergnügte Karl biegt hinter dem Anger und der Kirche nach links ab in Richtung Nachbardorf – Oberdorla.

Die schlecht asphaltierte, unbeleuchtete Straße zwischen den Orten entspricht dem Standard kommunistischer Großkotzigkeit, Schlagloch reiht sich an Schlagloch. Mehr oder weniger geradeaus wankend strebt der nächtliche Partyfreund seinem Zuhause entgegen. Trotz der dichten Nebelwand und seines Alkoholspiegels weiß er jeden Stein und Strauch zwischen beiden Dörfern an den Straßenrändern einzuordnen.

Unvermutet taucht vor ihm eine Person auf. Sollte noch jemand von der Feier aufgebrochen sein, ohne dass Karls umnebeltes Gehirn es registriert hat?

Der dichte Nebelvorhang erlaubt kein genaues Schauen. Allein schon der Größe wegen muss es sich um eine weibliche Person handeln. Merkwürdig fällt jedoch die Bekleidung auf: ein weißes bodenlanges Kleid, beinahe wie ein Schleier. Die zierlichen Füße stecken in einer Art Ballerinen. Das bis zu den Hüften herabhängende Haar schimmert in einem hellen Grün. Merkwürdig.

Ab und zu wendet die Nachtwanderin ihr marmorweißes Gesicht

Karl zu. Ihre kirschroten Lippen lächeln verführerisch. Für einige Sekunden stoppt sein Schritt. Karneval ist doch längst vorbei, und Kostümfeste in den Dörfern ringsum stehen ebenso wenig an.

Dennoch bleibt die merkwürdig aussehende Nachtwanderin stetig einige Meter vor ihm. Karl hält seine Beobachtung für eine alkoholisierte Vision.

Als beide links in Richtung Friedhof Oberdorla abbiegen, strauchelt Karl ein wenig. Der angestaute Urin droht seine Blase zu sprengen. In Büschen körperlich erleichtert, macht er sich wieder auf die Verfolgung seiner Nachtfee.

Die merkwürdige junge Frau wartet auf Karl vor dem schmiedeeisernen Friedhofstor. Mit einem hinreißenden Lächeln bietet ihm sie ihre Hand. Geistesabwesend fasst er zu. Ihre Hand fühlt sich kalt an, beinahe eisig.

Gelegentlich vorüberziehende Wolkenfetzen verbergen kaum die mystische Atmosphäre der nahezu taghellen Mondlandschaft. All das rauscht an dem jungen Karl vorüber. Ihre vertrauensvollen hellgrünen Augen und ihre unaussprechlichen Reize zwingen ihn, ihrer leisen Stimme, ihren fortwährenden unverständlichen Worten und Satzfetzen zu folgen. Er, der selbstbewusste fröhliche Junggeselle, wagt nicht, sie zu fragen, will den Zauber ihrer Erscheinung für immer bewahren. Traumwandlerisch folgt er der weißen Frau in die Felder zum Kainsprung, der großen Erdfall-Quelle am Turmweg. Ihre schwebende Art, zu schreiten, erscheint ihm außerirdisch.

Seine Blicke durchbrechen das nahezu durchsichtige weiße Gewand. Der Vollmond betont ihre antike Schönheit, erhebt sie zu einer vollkommenen ästhetischen Erscheinung.

Je näher beide Nachtwandler der großen Erdfall-Quelle kommen, desto durchsichtiger schimmert die Bekleidung der Nachtschönen. Karls jugendliche Emotionen erklimmen ungeahnte Höhepunkte. Seine Beherrschung gerät an den Rand des Wahnsinns. Kaum weiß er zu gehen.

Am steilen Uferrand, umstanden von uralten Bäumen, zieht ihn die immer noch sanft murmelnde Zauberin in die kühle Tiefe. – Sie bettet ihn liebevoll – inmitten hellgrüner Algen – und leicht schwankendem Schilf, bevor sie sich behutsam auf ihm niederlässt. Jede Faser seines jungen Körpers vibriert, sein Herzschlag raubt ihm den Atem.

Sein letzter Blick gleitet über ihre unvorstellbar anmutigen Brüste, durchbricht ihre schimmernden Haarsträhnen, erblickt die von Wellen unterbrochene silberne Lichtbahn des Mondes.

***Karl-Heinz Richter*** *geboren 1948, verheiratet, drei Kinder, zwei Enkel; 1976-1983 Grund- und Hauptschullehrer; 1976 Diplom-Pädagoge; 1983-2011 Gymnasiallehrer, als Studiendirektor in Pension; 2019 Masterabschluss in Kunstgeschichte, Veröffentlichungen in Kunstpädagogik und Kunstgeschichte, Beteiligung an Buchprojekten.*

# Die Zwerge im Schlosse zu Hoya

## Eine Sage aus Hoya

Eines Abends erschien bei dem Grafen von Hoya ein Männlein und bat ihn um die Erlaubnis, mit seinen Gesellen des Nachts im Schlosse ein großes Fest feiern zu dürfen. Keinem werde dabei ein Leid geschehen, aber der Graf solle niemandem davon erzählen. Der Graf gewährte die Bitte, wusste er doch, dass es angeraten war, sich mit dem kleinen Volk gutzustellen. Alsbald huben die Zwerge im Schlosse an zu feiern, dass es nur so eine Art hatte. Sie brieten und buken, schmausten und becherten, tanzten und sangen und fiedelten die ganze Nacht.

Anderntags erschien das Männlein wieder beim Grafen und sprach: „Zum Dank dafür, dass du unsere Bitte erhört hast, möchten wir dir diese drei Gaben schenken." Er überreichte ihm ein Schwert, ein Salamanderlaken und einen güldenen Ring mit einem roten Stein, in den ein Löwenkopf geschnitten war. Weiter sprach er: „Verwahre die Gaben gut, denn solange diese drei Dinge beisammen sind, wird es um die Grafschaft wohlbestellt sein."

Lange Zeit hielten sich der Graf und seine Nachkommen getreulich an den Rat des Männleins und lebten in Frieden und Wohlstand. Und es heißt: Immer wenn ein Graf sterben musste, wurde der Löwe in dem güldenen Ring ganz blass. Dann aber, als einer der Grafen zusammen mit seinen Brüdern die Geschicke der Grafschaft lenkte, verschwanden das Salamanderlaken und das Schwert. Der Graf bezichtigte seine Brüder des Diebstahls und sie gerieten darüber in heftigen Streit. Die Brüder überzogen das Land mit Krieg und um den Frieden und Wohlstand der Grafschaft war es geschehen. Als der letzte der Grafen verarmt starb, gab man ihm den Ring der Zwerge mit ins Grab.

***Dr. Thomas Melerowicz** lebt in der Nähe Berlins.*

# Der Heidenschuss

**Eine Sage aus Wien**

Zu Beginn des 16. Jahrhunderts war das spätere Europa geprägt von schweren Kriegen. Wien war damals die Hauptstadt der Habsburgischen Erblande, die flächenmäßig den größten Teil des späteren Europas einnahmen. Vom Osten aus, nachdem die Türken die Stadt Konstantinopel zu Fall gebracht hatten, versuchten sie auch weiter im Westen an die Macht zu kommen. Unter ihrem Führer Sultan Süleyman I. nahmen sie auf dem Weg nach Wien das Königreich Ungarn ein und machten es zu einem osmanischen Vasallenstaat.

Im Herbst 1529 standen die Türken dann vor den Toren Wiens. Sie waren sich sicher, diese Stadt einnehmen zu können, und errichteten südöstlich von Wien ein großes Zeltlager. Hier bereiteten sie sich auf die Belagerung vor.

Das Osmanische Reich, dessen Bewohner Heiden waren, traf hier also auf die christlichen Habsburgerlande. Es sollte der Höhepunkt der Auseinandersetzungen werden. Noch hatten sich die Wiener aber nicht ergeben. Auch nach der dritten Belagerungswoche stellten sie sich dem Feind mit allen Mitteln entgegen und verteidigten so ihre Stadt. Den hartnäckigen Angreifern wollte es nicht gelingen, eine Bresche in die Stadtmauer zu schlagen, obwohl es des Sultans größtes Ziel war, von der Spitze des Stephansdomes die türkische Flagge mit dem Halbmond flattern zu lassen.

Am Ende der dritten Woche sprach ein angeblicher Überläufer – war er Türke oder Ungar? – man wusste es nicht, beim Stadtkommandanten vor und erklärte, dass die Türken, nachdem sie bis dato keinen Erfolg hatten, eine neue Strategie entwickelt hätten.

„Sie werden nämlich unterirdische Tunnel graben und diese mit Sprengpulver füllen, um so nach der Sprengung in die Stadt zu gelangen. Ich habe bereits mit eigenen Augen solche vermeintlichen Stolleneingänge gesehen“, berichtete der Fremde aufgeregt.

Der Stadtkommandant war sich nicht sicher, ob er den Aussagen dieses Mannes glauben sollte. Er ließ für den Fremden dennoch Brot und Wein bringen und bedankte sich für dessen Informationen. Danach rief er in Windeseile die Stadtväter zusammen, um mit ihnen einen Plan zu erarbeiten. Sollte sich diese Nachricht bewahrheiten, waren Wien und dessen Bewohner in größter Gefahr.

Die Stadtväter beschlossen umgehend, alle Bewohner, deren Häuser an die Stadtmauer gebaut waren, zu verständigen. Reitende Boten wiesen die Bewohner solcher Gebäude an, in ihren Kellern Fässer mit Wasser aufzustellen und die Wasserfläche ständig zu beobachten. Bei jeder Erschütterung würde die Wasseroberfläche zittern und Erdbewegungen so erkennen lassen. Außerdem sollten in allen Kellern mit Tierfell bezogene Trommeln aufgestellt werden. Kleine Würfel mussten auf die gespannten Felle gelegt werden. Aus der Bewegung der Würfel sollte auf unterirdische Grabarbeiten geschlossen werden können.

In Windeseile verbreiteten sich die Anweisungen und alle besorgten Bürger gingen daran, in ihre Keller Fässer zu schaffen und mit Wasser zu füllen. Wer Trommeln besaß, brachte auch diese, mit Tierfell straff gespannten Instrumente in den Keller. Die Angst saß den Menschen tief in den Knochen. Jetzt allerdings hieß es zu warten, ob der Fremde die Wahrheit gesagt hatte.

In einer der folgenden Nächte sollte sich die Botschaft des Überläufers aber bewahrheiten.

Bäckergeselle Josef S. arbeitete im Keller der Backstube und beförderte gerade Brot in den Backofen. Er kam nicht nach mit der Arbeit, da viele Menschen, die in der Vorstadt gelebt hatten, aus Angst vor den Türken vor einiger Zeit in die Stadt geflüchtet waren. Für sie alle musste er Brot backen, damit sie nicht Hunger leiden mussten.

Aus dem Augenwinkel heraus kam es ihm vor, eine Bewegung des kleinen Würfels auf der Trommel, die nahe dem Backofen stand, zu erkennen.

Eine Weile blieb er starr stehen. Nachdem er den Backofen geschlossen hatte, legte er sich auf den Boden und presste sein linkes Ohr gegen die Holzbretter. Er glaubte, Stimmen zu hören, und auch das Pochen und Klirren von Werkzeugen drang an sein Ohr. Entsetzt sprang er auf und verließ die Backstube. Er stürmte zu den Torwachen und erklärte, was er gerade erlebt hatte. Sogleich wurde der

Stadtkommandant verständigt, der es vorerst nicht glauben wollte. Nachdem er sich selbst von den Klopfgeräuschen überzeugt hatte, ordnete er an, dass im Keller des Bäckerhauses sofort ein Gegentunnel zu graben wäre.

Tatsächlich trafen die Arbeiter auf einen türkischen Minengang, wo die gegnerischen Krieger sich verschanzt hatten. Die meisten wurden gefangen genommen, einige, die sich widersetzten, wurden niedergemacht. Der Minengang, in dem schon eine große Ladung Sprengpulver bereitlag, wurde sofort wieder zugeschüttet.

Erfolglos musste der Sultan mit seinen Soldaten die Belagerung beenden und sich in den Osten zurückziehen.

So wurde Wien durch den aufmerksamen Bäckergesellen Josef S. gerettet. Die Zunft der Bäcker bekam einen besseren Stand in der Runde der Handwerker. Das Haus, in welchem die osmanischen Heiden die Absicht hatten, das Sprengpulver zu entzünden, hieß von dieser Zeit an *Zum Heidenschuss.*

Im ersten Wiener Gemeindebezirk, nahe der Freyung, befindet sich an der Ecke Strauchgasse und Heidenschuss (ein kurzer Straßenteil ist noch heute so benannt!) an einer Hausmauer eine kleine Statue, die einen osmanischen Reiter zeigt und an die erste Türkenbelagerung erinnern soll.

***Hannelore Futschek*** *wurde 1951 in Wien geboren. Nach Matura und Studium heiratete sie und zog mit ihrer Familie 1984 ins Weinviertel. Sie übte mehrere Berufe aus, unter anderem als Bankangestellte, Bestatterin und Angestellte im Arbeitsmarktservice. Seit der Pensionierung begann sie Kurzgeschichten zu schreiben. Das Spektrum hat sie um Romane erweitert, die Liebesgeschichten, Biografien und Krimis zum Thema haben. Bis dato wurden in mehreren Anthologien ihre Kurzgeschichten veröffentlicht.*

# Buchtipps

**Alarmstufe Rot:**
**Rätsel für kluge Brandbekämpfer**
ISBN: 978-3-96074-847-2

**Rätselgrill:**
**Scharfe Fragen für heiße Köpfe**
ISBN: 978-3-96074-848-9

**Tüftler-Rätsel:**
**Denksport für pfiffige Heimwerker**
ISBN: 978-3-96074-849-6

**Rätselbiker:**
**Coole Fragen für heiße Motorradfahrer**
ISBN: 978-3-96074-855-7

**Rätselgarten:**
**Kniffliger Denksport für grüne Daumen**
ISBN: 978-3-96074-852-6

**Katzen-Knobelei:**
**Rätselspaß für clevere Katzenliebhaber**
ISBN: 978-3-96074-856-4

**Schrauber-Rätsel:**
**Kniffliger Ratespaß für Autofreaks**
ISBN: 978-3-96074-846-5

***

Taschenbücher, 140 Seiten
von **Nanja Holland** im Buchhandel, bei
Amazon und unter
**www.papierfresserchen.eu**

# Buchtipp

**Nanja Holland:**
**Kreatives Schreiben für Kinder: Sagen**
**ISBN: 978-3-99051-292-0**
**Taschenbuch, 62 Seiten**

In dem vorliegenden Arbeitsbuch geht es darum, Kinder und Jugendliche zum Schreiben zu motivieren. Denn die Lese- und Schreibkompetenz ist die wichtigste Kompetenz, um Wissen zu erlangen, egal, in welchem Bereich man Wissen erwerben möchte. Dieses Mal haben wir uns thematisch mit verschiedenen Stoffen aus der Sagenwelt beschäftigt ...

Kreatives Schreiben spornt darüber hinaus die eigene Fantasie an, etwas, das in einer Zeit von Internet und Spielekonsole leider nur allzu oft verlorenen geht. Den ersten Schritt zu machen, einen „Schreibgrund" zu finden, eine kleine Anleitung für die ersten Geschichten zu erhalten, das ist es, was wir mit diesem Buch bewirken möchten. Deshalb geben wir Kindern Bilder, Erzählanfänge, Sätze und Wörter an die Hand, an denen sie sich orientieren können bei ihren ersten eigenen Geschichten.

Das Buch ist für die Gruppenarbeit in Schulklassen oder für Schreibgruppen konzipiert, kann aber auch von jedem Kind ohne Gruppenzugehörigkeit zur Hand genommen werden, um alte und neue Sagen nachzuerzählen oder zu schreiben. Wir geben Schreibanlässe für alte Sagen, aber natürlich können die Inhalte auch dazu genutzt werden, neue Sagen zu erzählen.